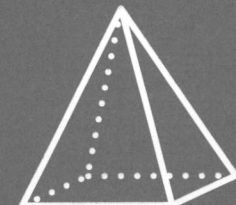  
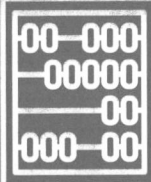  
 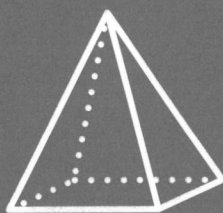  
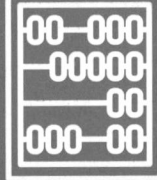  

세상 곳곳 수학 쏙쏙

팀 콜린스 선생님은
영국 맨체스터에서 태어나 옥스퍼드에 살고 있는 작가로, 100여 권이 넘는 소설과 논픽션을 썼습니다.
지은 책으로는 〈우주 모험가 콜린〉 시리즈, 〈5차원 소년 콜린〉 시리즈, 《브이로그 조작 사건》,
《허당영웅 막시무스의 일기》 들이 있습니다.

이경아 선생님은
숙명여자대학교 수학과를 졸업하고 지금은 번역 에이전시 엔터스코리아에서 번역가로 활동하고 있습니다.
〈내셔널지오그래픽〉을 한국어로 옮기고 있으며, 옮긴 책으로는 《우표 속의 수학》, 《바다 해부 도감》,
《자연 해부 도감》, 《농장 해부 도감》, 《귀소 본능》 들이 있습니다.

세상 곳곳 수학 쏙쏙

처음 찍은 날 | 2023년 2월 5일   처음 펴낸 날 | 2023년 2월 25일
글쓴이 | 팀 콜린스   옮긴이 | 이경아

펴낸이 | 김태진
펴낸곳 | 다섯수레

기획편집 | 김경희, 김시완, 김미희, 서해나, 유슬기   디자인 | 정수연, 김다윤
마케팅 | 이운섭   제작관리 | 김남희

등록번호 | 제3-213호   등록일자 | 1988년 10월 13일
주소 | 경기도 파주시 광인사길 193(문발동) (우 10881)
전화 | (02) 3142-6611(서울사무소)   팩스 | (02) 3142-6615
인쇄 | ㈜로얄 프로세스
ⓒ 다섯수레, 2023
ISBN 978-89-7478-467-6 73410

Children's Encyclopedia of Maths

Copyright © Arcturus Holdings Limited www.arcturuspublishing.com
Korean translation Copyright © 2023 Daseossure
License arranged through KOLEEN AGENCY, Korea.
All rights reserved.

이 책의 한국어판 저작권은 콜린 에이전시를 통해 저작권사와 독점 계약한 다섯수레에 있습니다.
신 저작권법에 의해 한국 내에서 보호를 받는 저작물이므로 무단 전재와 무단 복제를 금합니다.

알고 있나요? **9** 수학

세상 곳곳 수학 쏙쏙

팀 콜린스 글 | 이경아 옮김

다섯수레

차례

수학 이야기를 시작하며 6

제1장 :: 수

셈	8	0	10
음수	12	십진법	14
거듭제곱	16	큰 수	18
무한대	20	소수	22
분수	24	대수	26

제2장 :: 기하학

삼각형	28	각	30
다각형	32	3차원 도형	34
확대	36	원주율	38
대칭성	40	위상 수학	42
프랙털	44	자연의 패턴	46

제3장 :: 측정

길이	48	시간	50
날짜	52	온도	54
무게	56	국제단위계	58
화폐	60	운동	62
광년	64	지도	66

제4장 :: 통계와 확률

자료	68	평균	70
상관관계	72	도수	74
그래프	76	도표	78
증가	80	확률	82
어림수	84	카오스 이론	86

제5장 :: 수학과 기술

주판	88	컴퓨터	90
바코드	92	암호	94
보안	96	교통	98
건축과 디자인	100	알고리즘	102
우주여행	104	네트워크	106

제6장 :: 생활 속의 수학

퍼즐과 게임	108	음악	110
찾기	112	게임 이론	114
예술	116	질병	118
수열	120	날씨	122
스포츠	124	논리	126

수학 이야기를 시작하며

초기 인류는 떠돌아다니며 사냥과 채집으로 먹고살다가 한곳에 머물며 농사를 짓기 시작했고, 오랜 시간에 걸쳐 지금의 기술 문명을 이루었어요. 수학은 그러한 발전에 큰 역할을 했지요. 사람들이 날짜와 물건을 세고 수에 이름과 기호를 붙이기 시작하면서 수학은 우리와 늘 함께해 왔어요.

생활 속 수학

우리가 살아가는 세상 곳곳에 알게 모르게 수학이 깃들어 있어요. 수학이 없었다면 핸드폰이나 컴퓨터를 하거나 비행기를 타고 세계를 누비거나 우주선을 쏘아 올리는 일도 없었을 거예요. 지금 우리가 누리는 생활의 바탕에는 수학자들이 연구하고 발전시킨 수학이 있는 셈이지요.

주판은 수학 연산에 쓰이는 도구예요. 전자계산기가 발명되기 훨씬 전부터 쓰여 왔는데, 몇몇 나라에서는 지금도 주판으로 셈을 해요.

우리가 죽을 때까지 써도 다 쓰지 못할 숫자가 있어요. 1 뒤에 0이 10^{100}개 붙은 '구골플렉스'라는 수예요.

수

수학은 수를 다루는 학문이에요. 손가락 10개로 셀 수 있는 십진법부터 0과 1만으로 이루어진 이진법에 이르기까지 수를 나타내는 방법은 다양해요. 또 수에는 0보다 작은 음수, 뚜렷한 규칙이 없어 더 신기한 소수, 받아 적는 것조차 불가능한 구골플렉스처럼 커다란 수도 있지요.

형태

수학에서 형태를 다루는 분야를 기하학이라고 해요. 특히 고대 이집트인과 고대 그리스인이 기하학에 관심이 많았지요. 기하학은 지금도 우리 삶에 큰 영향을 끼치는데, 튼튼한 건물을 짓고 정확한 지도를 만들고 멋진 그림을 그리는 일 모두에 기하학이 쓰여요.

'측지선 돔'은 삼각형을 이용해 짓는 견고한 건축물이에요.

자료

자료를 모아 특징을 찾아내는 일이 예전보다 중요해졌어요. 자료는 날씨에서부터 질병에 이르기까지 우리 삶의 여러 부분을 살피고 추적해 만들어지고, 앞으로 일어날 일을 예측하는 데 이용되지요.

데이터, 즉 자료는 현대 사회에서 가장 귀중한 자원으로 꼽혀요. 기업은 소비자의 생활과 습관을 자료로 모으고 정리해 새로운 제품을 기획하고 판매하는 데 활용하지요.

측정

수학으로 집과 학교 사이의 거리에서부터 등교하는 데 걸리는 시간까지 무엇이든 측정할 수 있어요. 수학을 이용해 모두가 함께 쓸 수 있는 표준 단위를 만들면 어떤 값을 측정하고 그 측정 결과를 다른 결과와 비교할 수 있지요.

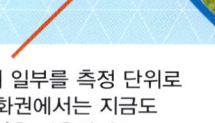

인류는 오래전부터 몸의 일부를 측정 단위로 사용했어요. 서양 문화권에서는 지금도 말의 키를 잴 때 '손'을 이용하지요.

알고 있나요? 어떤 사람들은 '머릿속 주판'으로 수학 문제를 풀어요. 앞에 주판이 있다고 상상하고 주판알을 이리저리 굴려 계산하는 거예요.

제1장 수
셈

선사 시대 사람들은 막대나 동굴 벽에 단순한 표시를 하나씩 그어 수를 헤아렸어요. 그렇게 하면 날짜, 가축, 사람의 수를 기록하는 일이 쉬웠지요. 이 방식은 무척 단순해서 지금도 수를 셀 때면 종종 쓰여요.

이렇게 줄을 그어 수를 세는 방식이 가장 많이 사용되지만 이 방식만 있는 것은 아니에요. 직선으로 점을 연결하거나 한자 正 자를 쓰기도 하지요.

수와 간단한 연산

인류가 한곳에 자리를 잡고 농사를 짓기 시작하면서 셈이 훨씬 중요해졌어요. 다른 사람들과 거래를 하게 되면서는 단순히 수를 기록하는 것을 넘어 계산이 필요해졌지요. 그렇게 덧셈, 뺄셈, 곱셈, 나눗셈처럼 기본적인 연산을 하기 시작했어요.

직선 하나가 1일, 사람 1명, 물건 1개를 나타내요.

처음에는 직선만으로 수를 나타냈지만 큰 수를 나타내기에는 불편했어요.

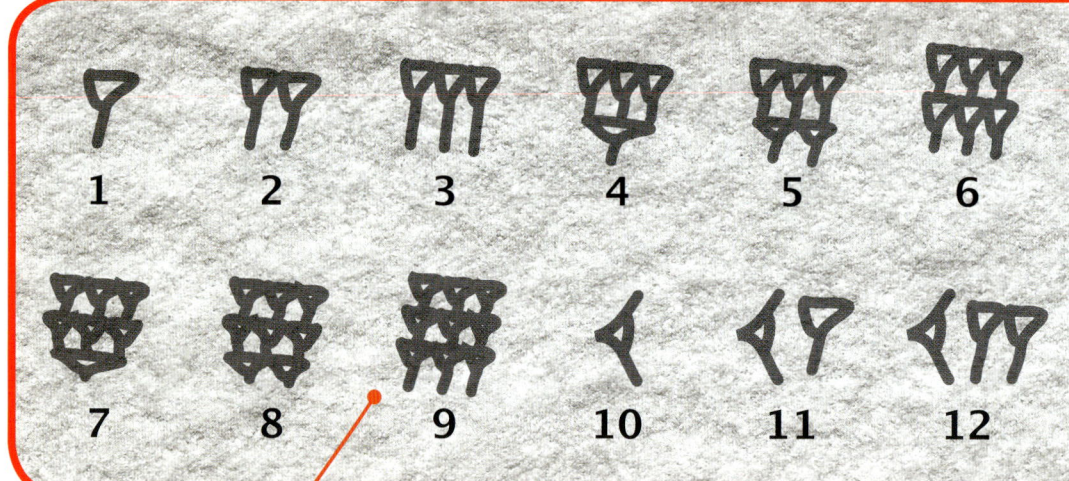

지금의 이라크 지역에 살던 고대 수메르 사람들은 바늘로 점토판에 쐐기 모양의 문자를 그려 글과 수를 기록했어요.

8

수학 탐구
사칙 연산

덧셈, 뺄셈, 곱셈, 나눗셈은 수학에서 가장 기본적인 4가지 연산이에요.

덧셈 : 2 + 2 = 4
뺄셈 : 8 − 6 = 2
곱셈 : 3 × 3 = 9
나눗셈 : 10 ÷ 2 = 5

직선 4개에 대각선 1개를 더하면 5가 되는데, 이렇게 수를 묶어 단위로 표시하면 알아보기가 쉬워요.

로마 숫자

고대 로마 사람들은 수를 문자로 나타냈어요.

I=1   X=10   C=100   M=1000
V=5   L=50   D=500

이 문자를 나란히 써 다른 수를 나타낼 수도 있지요. 큰 수 뒤에 작은 수를 쓰면 2가지 수를 더하라는 뜻이에요. 작은 수 뒤에 큰 수를 쓰면 큰 수에서 작은 수를 빼라는 뜻이지요. 예를 들어 XI는 큰 수인 10에 작은 수 1을 더한 11과 같고, IX는 큰 수인 10에서 작은 수 1을 뺀 9를 나타내요.

로마 숫자는 지금도 시계, 영화 제목, 게임 이름 같은 곳에 자주 쓰여요.

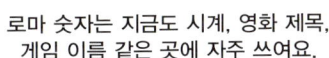 **알고 있나요?** 지금 우리가 쓰는 0부터 9까지의 숫자는 '아라비아 숫자'예요. 인도에서 시작되어 아라비아 사람들이 유럽으로 전파한 숫자이지요.

0

0이 1 앞에 오는 것은 당연해 보여요. 하지만 아무것도 없는 0이 어엿한 수로 인정받기까지는 오랜 시간이 걸렸지요. 로마 숫자 같은 초기 수학의 셈법에는 0이 없었어요. 0은 7세기에 활동했던 인도 수학자 브라마굽타의 영향을 받아 수학에서 무척 중요한 수로 자리를 잡았지요.

자릿수 표현법

0은 자릿수 표현법에 무척 유용하게 쓰여요. 자릿수 표현법은 수가 놓인 위치로 값을 표현하는 방법이에요. 예를 들어, 348은 100이 3개, 10이 4개, 1이 8개 모인 수이지요. 이처럼 자릿수 표현법에서는 수가 놓이는 자리가 무척 중요해요. 하지만 0이 없다면 100이 3개, 1이 8개 모인 수를 표현하기 어려울 거예요. 또 21과 201, 2010과 같은 수들을 구별하기 어렵겠지요.

19세기에 발견된 고대 인도의 문서에는 0이 있어야 할 자리에 커다란 점이 찍혀 있었어요. 이 점이 지금 우리가 사용하는 0으로 발전한 것으로 보여요.

빈칸

고대 중국의 상인들은 판 위에 막대를 올려 물건을 사고판 기록을 남겼어요. 판 위에 둔 막대의 위치로 수의 자리를 나타냈는데, 이때 빈칸으로 지금의 0을 대신했지요.

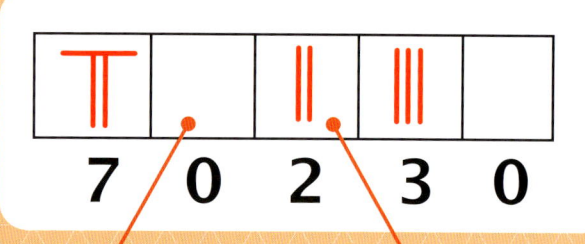

빈칸은 0을 나타내요. 이렇게 칸 안에 수를 적을 때는 빈칸으로 0을 대신할 수 있지만 아무것도 없이 수만 적어 나갈 때는 헷갈릴 수밖에 없었지요. 그래서 0을 확실하게 나타내는 기호가 필요했어요.

이 막대들은 각각 7, 2, 3을 나타내요. 따라서 이 기호들이 의미하는 수는 70,230이에요.

알고 있나요? 고대 마야의 수 체계에서는 조개껍데기 그림이 0을 나타냈어요. 그 밖의 수는 점과 선으로 나타냈지요.

0:00은 디지털 스톱워치에 쓰여요. 시간을 24시간으로 표시하는 디지털시계에서 자정을 나타내기도 하지요.

자리를 표시하는 0이 없었다면 1분 1초와 1분 10초를 구분할 수 없었을지도 몰라요.

0은 화폐 단위에서도 없어서는 안 돼요. 0이 없다면 1원, 10원, 100원을 구분할 수 없을 테니까요.

0으로 어떤 수를 나눌 수는 없어요. 사탕 12개를 친구 3명에게 나누어 준다면 1명에게 4개씩 주면 돼요. 하지만 사탕 12개를 친구 0명에게 나누어 줄 수는 없지요.

위대한 수학자 브라마굽타
(598년경~668년경)

브라마굽타는 7세기 인도의 수학자예요. 0이 단순히 수의 자리를 표시할 뿐 아니라 어엿한 수로 쓰일 수 있다고 인정한 최초의 수학자였지요. 브라마굽타는 0을 계산하는 규칙도 만들었는데, 그 가운데 일부는 지금도 쓰이고 있어요.

음수

우리가 평소에 쓰는 수를 양수라고 해요. 아무런 기호 없이 쓰기도 하지만 때로는 수 앞에 덧셈 부호(+)를 붙여 표시하기도 하지요. 반면 음수는 0을 기준으로 그 반대에 있는 수를 가리키고, 뺄셈 부호(-)로 표시해요. 그런데 음수는 우리가 쉽게 상상할 수 있는 수가 아니에요. 과자 3개를 상상하기는 쉽지만 -3개는 머릿속에 그려지지 않지요. 하지만 음수는 우리가 일상생활에서 흔히 마주치는 수예요. 온도계에서 영하의 추운 날씨를 나타내는 숫자만 떠올려 봐도 알 수 있지요.

엘리베이터에서 음수로 지하층을 나타내기도 해요.

음수와 양수

초기 문명사회는 여러 방식으로 빌려준 재산을 기록했어요. 그러니 어떤 면에서는 옛사람들도 음수를 썼다고 볼 수 있지요. 그러다 7세기에 인도 수학자인 브라마굽타가 0에서 양수를 빼면 음수가 된다고 기록하면서 음수는 수 체계에서 양수와 동등한 수가 되었어요.

섭씨 0도는 물이 어는점이에요. 순수한 물은 0도 이하의 온도에서는 늘 얼어 있지요.

수학 탐구
해수면

해수면 아래의 깊이는 음수로 나타내요. 지구에서 가장 깊다고 알려진 태평양의 비티아즈 해연은 해발 고도 -11,034미터에 있지요. 해발 고도 8,848미터로 세계에서 가장 높은 에베레스트산을 비티아즈 해연에 올려놓아도 에베레스트산은 바닷물 속에 잠겨 있을 거예요.

온도를 측정하는 단위는 섭씨와 화씨예요. 화씨 0도는 섭씨 0도보다 훨씬 춥지요.

적자

먼 옛날 중국에서는 빌린 돈을 검은색 나무 조각으로, 받은 돈을 붉은색 나무 조각으로 표시했어요. 하지만 이제는 정반대로 바뀌어 붉은색이 빌린 돈인 빚을 나타내지요. 그래서 빚을 '붉은 글씨'라는 뜻으로 적자라고 해요.

여기에서 붉은색으로 표시된 음수는 빚을 나타내요.

과학자들은 섭씨도 화씨도 아닌 또 다른 온도 단위 '켈빈 온도'를 주로 써요. 켈빈 온도는 '절대 온도'라고도 하는데, 세상에서 가능한 가장 낮은 온도인 절대 0도(섭씨 영하 273.15도)부터 시작하기 때문에 음수로 표시되지 않아요.

겨울이면 섭씨 0도보다 낮은 기온을 자주 볼 수 있어요. 우리가 일상생활에서 가장 자주 마주치는 음수이지요.

알고 있나요? 음수와 양수를 곱하면 음수가 돼요. 하지만 음수와 음수를 곱하면 반대로 양수가 되지요.

13

십진법

우리가 날마다 쓰는 수 체계와 계산법은 '십진법'을 바탕으로 하고 있어요. 십진법에서는 0, 1, 2, 3, 4, 5, 6, 7, 8, 9라는 10가지 숫자를 쓰지요. 9보다 큰 수는 자릿수를 하나 더해 10부터 시작해요. 숫자는 다시 뒷자리만 1씩 커져 19가 되고, 19 다음에 오는 숫자는 뒷자리는 다시 0, 앞자리는 1 다음 숫자 2가 되어 20이지요.

사람은 손가락이 모두 10개 있어요. 그런 이유로 인류 역사에서 십진법이 가장 널리 쓰이게 됐을 거예요.

그 밖의 수 체계

우리에게 가장 익숙한 수 체계는 십진법이지만 그 밖에 다른 수 체계도 있어요. 십진법보다는 십이진법을 써야 한다는 사람들도 있지요. 10이 2와 5로만 나누어떨어지는 데 비해 12는 2, 3, 4, 6으로 나누어떨어지므로 더 편하다고 생각하기 때문이에요. 하지만 전 세계가 오랫동안 써 온 수 체계를 단번에 바꾸는 건 쉽지 않은 일이지요.

만약 사람의 손가락이 한쪽에 4개씩 모두 8개였다면 팔진법이 가장 널리 쓰였을지도 몰라요.

이진법

컴퓨터는 0과 1만으로 모든 정보를 나타내는 이진법을 바탕으로 작동해요. 켰다 껐다 하는 전기 신호가 필요한 컴퓨터에는 십진법보다는 이진법이 적합하기 때문이에요. 0은 꺼지는 신호를, 1은 켜지는 신호를 의미하지요.

컴퓨터, 핸드폰, 태블릿에는 영화, 노래, 지도 같은 자료가 모두 0과 1이 늘어선 수열의 형태로 저장되어 있어요.

거듭제곱

어떤 수나 식을 여러 번 거듭해서 곱하는 셈을 '거듭제곱'이라고 해요.
특히 어떤 수를 2번 곱해 얻는 수를 제곱수라고 하지요. 3×3=9처럼요.
3×3×3=27처럼 어떤 수를 3번 곱하면 세제곱수라고 해요.
이런 계산은 각각 3^2(3×3)과 3^3(3×3×3)으로 나타낼 수 있어요.
이 식에서 큰 수는 '밑', 작은 수는 '지수'로 부르지요.

유용한 지수

어떤 수든 밑도 지수도 될 수 있어요. 4^5은 '4의 다섯제곱'으로 읽고, 풀어 쓰면 4×4×4×4×4, 값으로는 1,024를 의미하지요.
지수를 쓰면 아주 큰 수도 간단하게 표현할 수 있어요.
1조인 1,000,000,000,000는 10^{12}으로 간단하게 나타낼 수 있지요.

> 루빅큐브는 기본적으로 작은 정육면체가 가로, 세로, 높이에 3개씩(3^3) 모여 큰 정육면체를 이루는 퍼즐로, 각 면의 색이 서로 달라요. 얼핏 보기에는 작은 정육면체 27개로 이루어진 것 같지만 정가운데가 퍼즐을 돌리는 십자 모양으로 되어 있어 작은 정육면체는 26개뿐이에요.

5를 2번 곱한 제곱수는 25이고, 25의 제곱근은 5예요.

제곱근

제곱수 연산을 반대로 하면 '제곱근'을 구할 수 있어요. 따라서 어떤 수의 제곱근을 제곱수로 연산하면 다시 그 수가 되지요. 제곱근은 연산에서는 부호 √로 나타내고, 연산은 √25=5와 같이 써요.

> 루빅큐브를 이리저리 돌려 나올 수 있는 색의 조합은 무려 4,300경 가지가 넘어요. 43 뒤에 0이 18개나 붙는 수이지요.

알고 있나요? 어떤 수든 제곱수의 마지막 자리는 언제나 0, 1, 4, 5, 6 또는 9로 끝나요.

수학 탐구
2의 거듭제곱

2의 거듭제곱	읽는 방법	곱셈의 형태	값
2^2	2의 제곱	2×2	4
2^3	2의 세제곱	$2 \times 2 \times 2$	8
2^4	2의 네제곱	$2 \times 2 \times 2 \times 2$	16
2^5	2의 다섯제곱	$2 \times 2 \times 2 \times 2 \times 2$	32

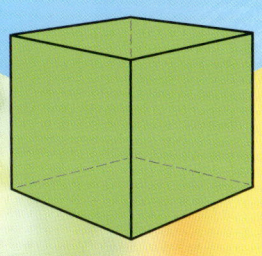

루빅큐브의 각 면은 가로와 세로 각 3줄씩 모두 9개의 정사각형으로 이루어져 있어요. 이 정사각형 개수를 3^2으로 표시하지요.

지구의 질량을 과학적으로 표현하면 5.9722×10^{24}킬로그램이에요.

과학에서는 7,000,000 같은 큰 수는 10의 거듭제곱인 7×10^6으로 표현해요. 이것을 과학적 표기법 또는 지수 표기법이라고 하지요. 이 표기법은 수를 완전히 쓰려고 할 때 필요한 0의 개수를 알려 줘요.

큰 수

옛날 사람들은 주로 시간을 기록하거나 양 같은 가축을 사고파는 기록을 남길 때 수를 사용했어요. 따라서 그렇게 큰 수를 쓰지 않아도 되었지요. 하지만 문명이 발전해 우리를 둘러싼 세상을 더 자세히 알게 되면서 점점 더 큰 수를 쓰게 되었어요. 우리 몸에 있는 세포 수를 나타내려면 3.72×10^{13}처럼 큰 수가 필요하지요.

천문학에서는 다루는 거리가 어마어마하기 때문에 광년이라는 단위를 써요. 1광년은 빛이 1년 동안 움직이는 거리를 말하는데, 9.46×10^{12}킬로미터예요.

작은 수

아주 큰 수는 전부 풀어 쓰면 읽기도 알아보기도 어렵기 때문에 과학적 표기법으로 나타내요. 아주 작은 수 역시 10의 거듭제곱으로 표시하는데, 큰 수와 반대로 지수를 음수로 나타내지요. 예를 들어 원자의 지름은 약 0.00000001센티미터인데, 이 수는 1×10^{-8}센티미터로 나타내요.

관측 가능한 우주에 존재하는 원자의 수는 10^{82}개로 추정돼요. 10^{82}을 풀어 쓰려면 1 뒤에 0을 82개 붙여야 하지요.

수학 탐구
큰 수의 이름

1천 = 10^3	1만 = 10^4
1억 = 10^8	1조 = 10^{12}
1경 = 10^{16}	1해 = 10^{20}
1구골 = 10^{100}	1구골플렉스 = $10^{구골}$

18

관측이 가능한 우주에 존재하는 별은 모두 10^{22}개에서 10^{24}개 사이로 추정돼요.

태양계가 있는 은하계의 지름은 대략 9.5×10^{17}킬로미터 또는 100,000광년으로 추정돼요.

저장 공간의 확장

1956년에 처음 나온 하드 디스크 드라이브에는 데이터 5메가바이트(500만 바이트)를 저장할 수 있었어요. 1990년대에 나온 개인용 컴퓨터에는 데이터 1기가바이트(10억 바이트)를 저장할 수 있는 드라이브가 설치돼 있었지요. 지금은 하드 디스크에 대략 10테라바이트(10조 바이트)까지 저장할 수 있어요.

과학 기술이 발전하면서 일상생활에서도 엄청나게 큰 수를 볼 수 있어요. 하드 디스크 드라이브의 용량이 커지면서 1조 바이트를 뜻하는 테라바이트가 일상적인 언어로 자리 잡았지요.

물방울에는 원자 약 5×10^{21}개가 담겨 있어요. 5 뒤에 0을 21개 붙인 개수예요.

알고 있나요? 구골플렉스에 있는 0을 책에 모두 인쇄하려면 책의 부피가 관측 가능한 우주보다 커야 해요.

무한대

끝이 있는 것을 '유한하다'고 표현하고, 끝이 나지 않는 것을 '무한하다'고 표현해요. 어떤 수든 다른 수를 더해 그보다 큰 수를 만들 수 있기 때문에 수는 무한하지요. 그렇다고 해서 무한대가 특정한 수를 가리키는 것은 아니에요. 그보다는 수학에서 무척 중요한 개념 가운데 하나이지요.

수학자 에밀 보렐은 1913년에 지금도 무척 유명한 '무한에 관한 정리'를 발표했어요. 무한한 시간이 주어지면 원숭이가 타자기로 셰익스피어 전집 같은 글을 모두 칠 수 있을 거라는 주장이었지요.

셀 수 있는 무한 집합과 셀 수 없는 무한 집합

독일의 수학자 게오르크 칸토어(1845년~1918년)는 무한대로 이어지는 수의 무한 집합이 모두 똑같지는 않으며, 무한하지만 '셀 수 있는' 무한 집합과 무한한 동시에 '셀 수 없는' 무한 집합이 있다고 주장했어요. 1, 2, 3, 4, 5로 시작하는 자연수는 무한하지만 셀 수 있지요. 반면 0과 1 사이의 소수를 모두 세는 일은 불가능한데, 그 사이에 존재하는 소수가 무한대이며 0과 0.01, 0과 0.001 사이에도 수가 무한대로 존재하기 때문이에요.

우주는 무한할까?

천문학자들은 곧잘 '관측 가능한 우주'에 대해 말하는데, 그 너머에 무엇이 있는지는 알지 못해요. 우주는 정말 무한할까요? 그렇다면 정말 놀라운 일이에요. 행성이 무한개라면 지구와 같은 행성도 무한개 존재할 수 있으며 무한개의 지구에는 여러분과 똑같은 사람들이 무한히 존재할 수도 있으니까요.

우주는 우리가 상상할 수 없을 정도로 커요. 그런 우주에도 끝이 있을까요? 아니면 끝없이 계속될까요? 과학자들도 아직 답을 찾지 못했어요.

위대한 수학자
에밀 보렐
(1871년~1956년)

프랑스의 수학자 에밀 보렐은 확률 같은 수학 분야에서 큰 업적을 남겼는데, 원숭이 한 마리가 프랑스 국립 도서관에 있는 모든 책을 타자로 칠 수 있다는 새롭고 놀라운 이론을 세상에 내놓았지요. 이 이론은 일어날 가능성이 매우 낮은 일이라도 수학적으로 불가능하다고 증명할 수 없고, 따라서 무한히 시도한다면 이루어질 수도 있다고 말해요. 뜻밖에도 이런 생각은 사람들의 관심을 끌어 무척 유명해졌지요.

2011년, 미국의 컴퓨터 프로그래머가 가상의 원숭이가 문자를 마구잡이로 치는 프로그램을 만들었어요. 원숭이가 타자로 셰익스피어의 작품을 칠 수 있을지 알아보기 위한 실험이었지요. 프로그램 속 가상의 원숭이는 타자기를 두드렸지만 작품 전체가 아닌 짧은 문자열만 치는 데 성공했어요.

원숭이(또는 사진 속 유인원)의 예는 무한한 시간이 주어진다면 가능성이 아주 낮은 일이라도 일어날 수 있다고 설명해요.

2003년에는 진짜 원숭이에게 컴퓨터를 주고 보렐의 생각을 실험해 본 적도 있어요. 그 실험에서 원숭이들은 알파벳 s 자가 대부분인 종이 5장을 쳐 냈지요.

무한대는 8을 옆으로 누인 것과 비슷한 모양의 수학 기호 ∞로 나타내요. 이 기호는 17세기에 수학자 존 월리스가 처음으로 사용했지요.

알고 있나요? 무한은 말 그대로 수, 양, 공간, 시간 같은 것에 경계나 끝이 없다는 뜻으로, 수학에서만 쓰이는 개념은 아니에요.

소수

수는 대개 그보다 작은 수로 나눌 수 있어요. 8은 2와 4로 나눌 수 있지요. 하지만 어떤 수는 1과 자기 자신으로만 나눌 수 있어요. 그런 수를 소수라고 하지요(일의 자리보다 작은 자리의 값을 나타내는 소수와는 달라요). 사람들은 아주 오랜 시간 동안 소수에 특별한 관심을 기울여 왔어요.

소수에 얽힌 비밀

수학자들은 소수가 신비하다는 생각에 사로잡혀 있었어요. 소수의 개념을 이해하기 어렵지는 않지만 소수에는 규칙이나 순서가 없기 때문이에요. 지금도 수학자들은 새로운 소수, 가장 긴 소수를 찾으려고 경쟁하고는 해요. 지금까지 밝혀진 가장 긴 소수는 2,480만 자리가 넘는 수이지요.

에라토스테네스의 체

에라토스테네스는 기원전 276년경에 태어난 그리스 수학자로, '체'라고 불리는 간단한 방법으로 소수를 찾아냈어요. 우선 빈칸에 수를 써넣은 다음 1을 지워요. 그러고는 소수는 그대로 남겨 두고 소수의 배수는 빠짐없이 지워 나가면서 소수를 찾지요.

2는 소수예요. 따라서 2는 남겨 두고 2의 배수를 찾아 모두 지워요.

3은 소수예요. 따라서 3은 남겨 두고 3의 배수를 찾아 모두 지워요.

4는 소수가 아니에요. 2의 배수인 4는 이미 지워 뒀지요.

100 이하의 소수
2 3 5 7 11 13 17 19 23
29 31 37 41 43 47 53 59
61 67 71 73 79 83 89 97

'주기 매미'라고도 불리는 매미 종들은 13년 또는 17년마다 땅속에서 나와 알을 낳고 번식해요. 13과 17은 모두 소수이지요.

이 매미는 소수 간격으로 번식해 천적을 피해요. 매미의 천적 중에는 2년마다 또는 3년마다 개체 수가 늘어나는 종이 있기 때문에 이 천적들의 번식 주기를 피해 번식하고 성충으로 자라지요.

소수는 일상생활에서도 유용하게 쓰여요. 특히 소수를 이용해 비밀번호를 만들면 온라인에서 개인 정보를 안전하게 보호할 수 있지요. 큰 소수 2개를 곱해서 얻은 더 큰 수를 비밀번호로 쓰는 거예요. 이때 소수를 곱해 얻은 큰 수는 자물쇠, 소수 2개는 열쇠와도 같아요. 성능이 뛰어난 컴퓨터도 소수를 곱해 만들어진 큰 수가 어떤 소수의 곱셈인지를 알아내기는 어렵지요.

매미가 13년이나 17년이 아니라 12년마다 나타난다면 수명 주기가 2년, 3년, 4년인 천적을 더 많이 만나게 되겠지요.

수학 탐구: 큰 소수

무료로 사용할 수 있는 프로그램을 이용해 가장 큰 소수의 신기록을 깨는 일이 거의 해마다 일어나요. 다음 신기록은 언제 세워질까요?

소수	자릿수	발견 년도
$2^{82589933} - 1$	24,862,048	2018
$2^{77232917} - 1$	23,249,425	2017
$2^{74207281} - 1$	22,338,618	2016
$2^{57885161} - 1$	17,425,170	2013

알고 있나요? 소수는 대부분 홀수예요. 소수인 짝수는 2가 유일하지요. 짝수는 모두 1과 그 자신, 그리고 2로 나누어지기 때문이에요.

분수

분수는 조각이 전체에서 얼마나 많은 부분을 차지하는지를 알려 주는 수학 개념이에요. 분수는 정수의 일부분 또는 피자 1판처럼 하나의 사물을 이루는 부분일 수 있지요. 피자 1판을 4명이 나누어 먹을 때 절반으로 나눈 다음 다시 각각 4조각으로 나눠 8등분을 하면 각자 2조각씩 먹을 수 있어요. 이렇게 분수는 알게 모르게 우리의 생활에서 많이 쓰여요.

분모와 분자

절반은 ½, 3등분 가운데 하나는 ⅓, 4등분 가운데 하나는 ¼로 나타내고, 각각 2분의 1, 3분의 1, 4분의 1이라고 읽어요. 밑에 쓴 수인 분모는 전체가 몇 조각으로 나뉘었는지를 보여 주고, 위에 쓰인 분자는 전체 조각 중에 몇 조각인지를 가리켜요.

분수는 소수로 나타낼 수도 있어요. 이 케이크 1조각은 분수로는 ⅒, 소수로는 0.1로 쓰지요. 분수를 소수로 표현할 때는 분모로 분자를 나누면 돼요. ⅒에서 10으로 1을 나누면 0.1이 되지요.

이 피자는 8조각으로 나누어 있어요. 전체 8조각에서 1조각을 나타낼 때는 분모가 8이고 분자가 1이므로 ⅛이에요.

⅛처럼 분자가 분모보다 작은 분수를 '진분수'라고 해요.

피자 8조각 가운데 4조각을 먹었다면 절반, 그러니까 ½을 먹은 셈이에요. 4/8에서 분자와 분모를 모두 4로 나누면 얻을 수 있는 분수이지요. 이렇게 분모와 분자가 함께 나뉠 수 있는 수로 나누어 가장 작은 수의 형태로 나타내기도 해요.

피자 1판을 다 먹은 뒤 또 다른 피자를 1판 시켜 1조각을 더 먹으면 9/8를 먹은 셈이에요. 이렇게 분자가 분모보다 큰 분수를 '가분수'라고 해요.

백분율

백분율은 전체를 100이라고 가정해 그것에 대한 비율을 나타내는 방식이에요. 케이크를 100조각으로 잘랐다고 상상해 보세요. 그 가운데 50조각을 먹는다면 ½ 또는 50퍼센트를 먹은 셈이고, 20조각을 먹는다면 ⅕ 또는 20퍼센트를 먹은 셈이지요.

분수를 백분율로 나타내려면 분자를 분모로 나눈 다음 100을 곱하면 돼요. ¼에서 분자 1을 분모 4로 나누면 0.25가 나오고 여기에 100을 곱하면 25가 되지요. 따라서 ¼은 25퍼센트와 같아요.

수학 탐구
분수, 소수, 백분율

분수	읽기	소수	백분율
½	2분의 1	0.5	50%
⅓	3분의 1	약 0.333333	약 33.333333%
¼	4분의 1	0.25	25%
⅕	5분의 1	0.2	20%
1/100	100분의 1	0.01	1%

알고 있나요? 5½과 2¾처럼 분수 앞에 정수가 붙은 분수 형태는 '대분수'라고 해요.

대수

대수는 방정식으로 아직 알지 못하는 값인 미지수를 계산하는 수학이에요. 우리가 알지 못하는 어떤 값을 x라고 하고, x와 1이 더해져 2가 된다면 $x+1=2$라는 방정식을 만들 수 있어요. 그리고 미지수 x의 값은 1이라고 구할 수 있지요. 미지수를 x라는 문자 대신 빈 상자나 빈칸으로 쓸 수도 있지만 문자로 표시하는 것이 더 편리해요.

> 방정식은 저울과도 같아요. 등호인 '='의 양쪽이 같아야 하기 때문이에요.

수학 너머

대수는 추상적인 수학처럼 보이기도 해요. 하지만 컴퓨터 과학, 건축학, 지질학, 회계학, 공학 같은 다양한 분야에 널리 쓰여 우리 삶에 영향을 주지요. 의사가 환자에게 처방하는 약의 양을 계산할 때도 대수가 이용돼요.

$x + 3$

> 이 저울이 균형을 이루려면 x의 값이 2여야 해요. 등호의 양쪽에서 똑같이 3을 뺀다고 상상해 보세요. 그럼 한쪽 변에는 x가 남고, 다른 쪽 변에는 2가 남아요. 따라서 $x=2$가 되지요.

> 알파벳 끝에 있는 문자 x, y, z는 미지수를 나타내는 데 주로 쓰여요.

위대한 수학자
알 콰리즈미
(780년경~850년경)

지금의 우즈베키스탄 지역에서 태어난 무하마드 이븐무사 알 콰리즈미는 바그다드로 옮겨 가 그곳에서 공부하며 《복원과 대비의 계산》이라는 책을 써 방정식 풀이에 관한 규칙을 정했고, 이 때문에 '대수의 아버지'로 불려요. 지리학과 천문학에서도 업적을 쌓았고, '알고리즘'이라는 단어도 알 콰리즈미의 이름에서 유래했지요.

대수의 역사

대수는 고대 바빌로니아에서 시작됐고, 농사와 관련된 현실적인 문제를 해결하면서 발전해 왔어요. 하지만 대수에서 중요한 원리 대부분이 9세기 바그다드에서 만들어졌어요. 대수를 뜻하는 영어 단어 'algebra'는 '깨진 부분을 다시 맞춘다'는 뜻을 가진 아라비아어에서 비롯되었지요.

8세기에서 14세기까지 이어진 이슬람교의 황금기에는 대수와 같은 수학 분야가 크게 발전했어요. 당시에 뛰어난 학자들이 바그다드에 있는 '지혜의 집'에 모여 함께 공부했지요.

수학자들이 다루는 방정식은 대부분 이보다 훨씬 복잡하지만 균형을 맞춘다는 원리는 똑같아요.

중요한 과학 개념도 간단한 방정식으로 나타낼 수 있어요. 아인슈타인이 남긴 유명한 방정식 $E=MC^2$은 '에너지는 질량과 빛의 속도의 제곱을 곱한 값과 같다'는 의미예요. 아인슈타인은 이 방정식으로 특수 상대성 이론을 설명해 물리학의 새로운 틀을 만들었지요.

알고 있나요? 프랑스의 수학자이자 철학자인 르네 데카르트가 대수에서 미지수를 x, y, z로 표기하자고 제안했어요.

제2장 기하학

삼각형

삼각형은 3개의 변과 3개의 내각을 가진 2차원 도형이에요. 많은 수학자들이 삼각형에 큰 관심을 가진 결과 삼각법이라는 수학 분야까지 따로 생겨났는데, 삼각법은 삼각형을 연구하고 다양하게 응용해요.

> 삼각형은 형태가 견고해서 이 지붕 골조처럼 건축과 건설에 흔히 이용돼요.

견고한 형태

삼각형은 놀라울 만큼 단순하면서도 튼튼한 도형이에요. 기중기, 다리, 송전탑 같은 구조물을 설계할 때도 삼각형이 이용되지요. 고대 이집트의 피라미드도 삼각형을 이용한 건물이고, 많은 현대 건축물도 삼각형 모양을 띠어요.

삼각형은 크게 정삼각형, 이등변 삼각형, 부등변 삼각형으로 나뉘어요. 각각의 이름은 몇 개의 변과 내각이 같은지를 알려 주지요.

정삼각형은 세 변의 길이가 모두 같고, 도형 안쪽에 생긴 세 내각의 크기도 똑같아요.

이등변 삼각형은 두 변의 길이가 같고, 두 내각의 크기가 같아요.

부등변 삼각형은 변의 길이는 물론 내각의 크기도 모두 달라요.

위대한 수학자
피타고라스
(기원전 570년경~기원전 495년경)

피타고라스는 고대 그리스의 수학자이자 철학자예요. 피타고라스가 처음으로 생각해 낸 건 아니지만 직각 삼각형에 대한 다양한 수학적 사실을 담은 '피타고라스의 정리'는 그의 이름을 따 지어졌지요. 피타고라스는 세상의 모든 것을 수로 설명할 수 있다고 생각했고, 수학을 연구하는 모임을 만들어 초기 수학이 발전하는 데 큰 공을 세웠어요.

이 지붕은 두 변의 길이와 두 내각의 크기가 같은 이등변 삼각형의 형태를 띠고 있어요.

삼각형으로 된 지붕 골조는 튼튼하고 안정적일 뿐 아니라 물이 쉽게 흘러 배수가 잘돼요.

삼각형 내각의 합은 언제나 180도예요.

$4 \times 4 = 16$

$5^2 = 3^2 + 4^2$

$3 \times 3 = 9$

$5 \times 5 = 25$

피타고라스의 정리

직각 삼각형의 각 변 바깥으로 그 변 길이의 정사각형을 그리면 가장 큰 정사각형의 넓이는 다른 두 정사각형의 넓이를 합친 것과 정확히 같아요. 이 규칙은 고대 그리스 수학자의 이름을 따라 '피타고라스의 정리'로 알려져 있지요. 하지만 피타고라스가 태어나기 전에도 이 규칙이 이미 알려져 있었다는 증거가 있다고 해요.

알고 있나요? 기하학은 수학의 한 분야로 도형과 형태를 다루어요. 그 가운데 평면 기하학은 직선, 원, 삼각형 같은 2차원 형태를 다루지요.

각

각 또는 각도는 두 직선이 한 점에서 만날 때 생겨요.
각은 '도(°)'로 표시하고, 두 직선 사이의 회전량을 말해 주지요.
반 바퀴를 돌면 180도, 한 바퀴를 돌면 360도예요.

고대 세계의 7대 불가사의 가운데 하나로 오늘날까지도 남아 있는 이집트 기자의 거대한 피라미드는 이 형태가 얼마나 튼튼한지를 보여 줘요.

생활 속의 각

건축가와 기술자는 다리와 집 같은 건축물을 설계할 때 각을 재요.
운동선수도 축구공을 차거나 농구공을 던질 때 각을 계산하지요.
우리도 아날로그시계로 시간을 볼 때 시침과 분침이 이루는 각을
살피기도 해요.

직각은 정확히 90도예요. 90도보다 작은 각은 예각,
90도보다 크고 180도보다 작은 각은 둔각,
180도보다 크고 360도보다 작은 각은 우각이라고 해요.

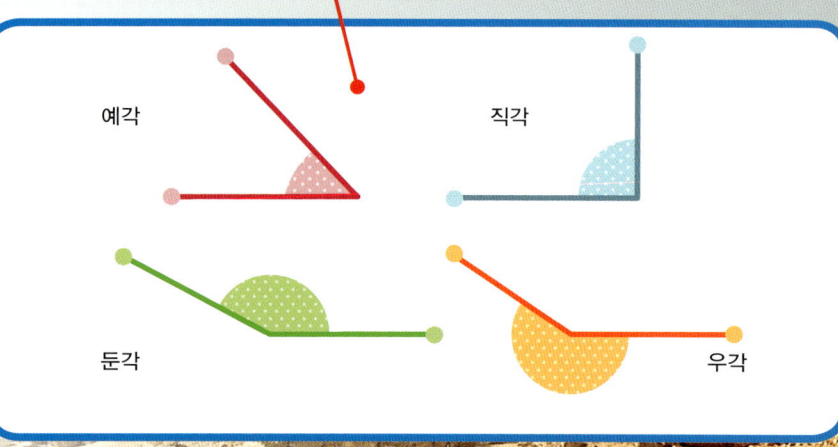

예각 · 직각 · 둔각 · 우각

위대한 수학자

유클리드
(기원전 330년경~
기원전 275년경)

고대 그리스의 수학자인 유클리드는 형태와 관련된 개념을
처음으로 생각해 냈고, 기원전 300년쯤에 《원론》이라는 책에
기하학의 개념을 정리해 두었어요. 이 책은 지금까지도 가장
영향력 있는 수학책으로 알려져 있고, 2,000년 넘게 가장
기본적인 기하학 교과서로 쓰이고 있지요.

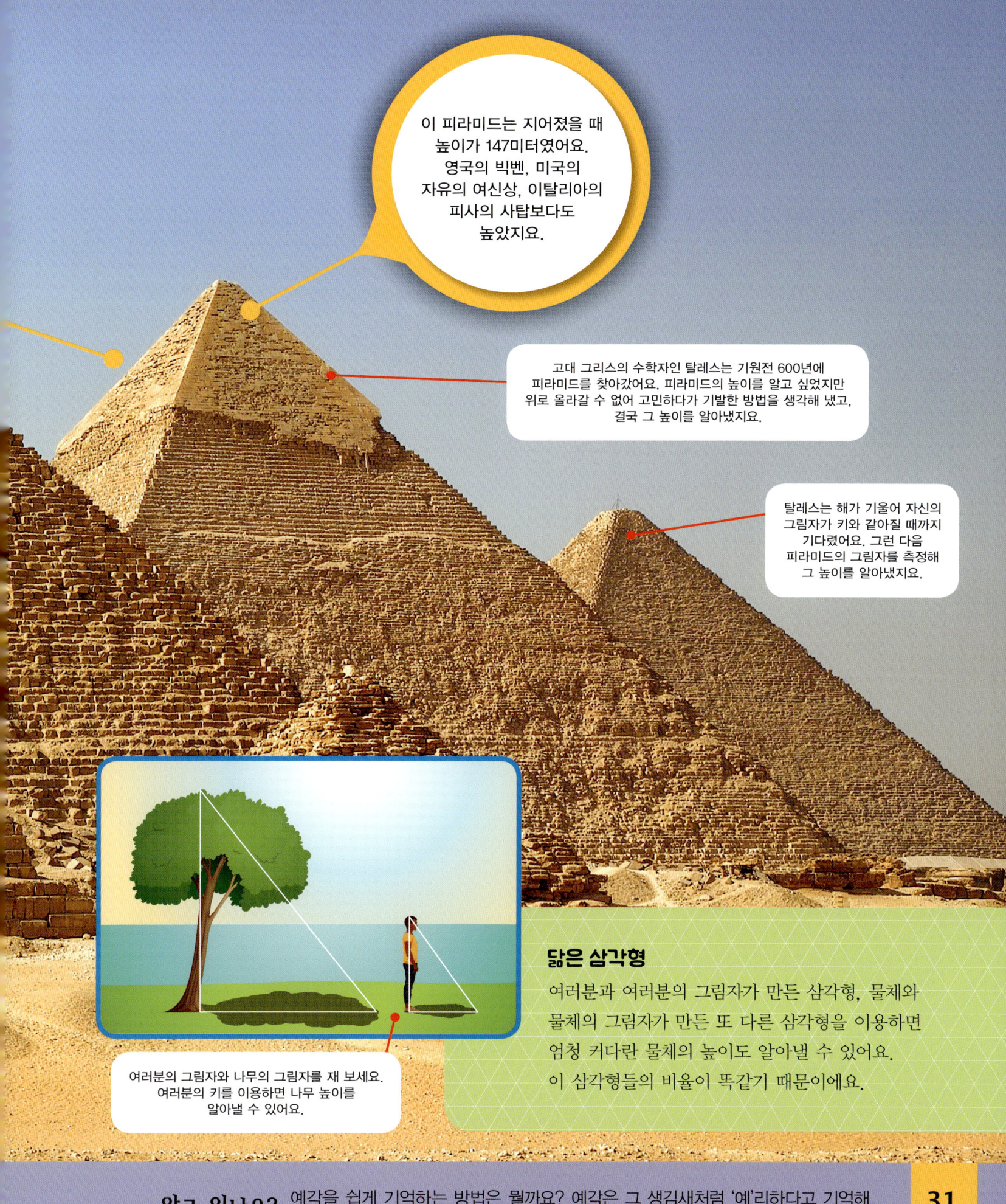

다각형

다각형은 원 같은 곡선이 아니라 정사각형처럼 직선으로 이루어진 2차원 도형을 말해요. 모든 변의 길이와 내각의 크기가 같으면 정다각형, 그렇지 않은 다각형은 불규칙 다각형이에요.

사각형

변이 4개인 다각형을 사각형이라고 하는데, 그중에서도 변의 길이가 같은 사각형이 정사각형이에요. 그 밖에도 직사각형, 마름모, 평행 사변형이 모두 변과 각이 4개인 사각형이지요. 어떤 사각형이든 내각의 합은 언제나 360도예요.

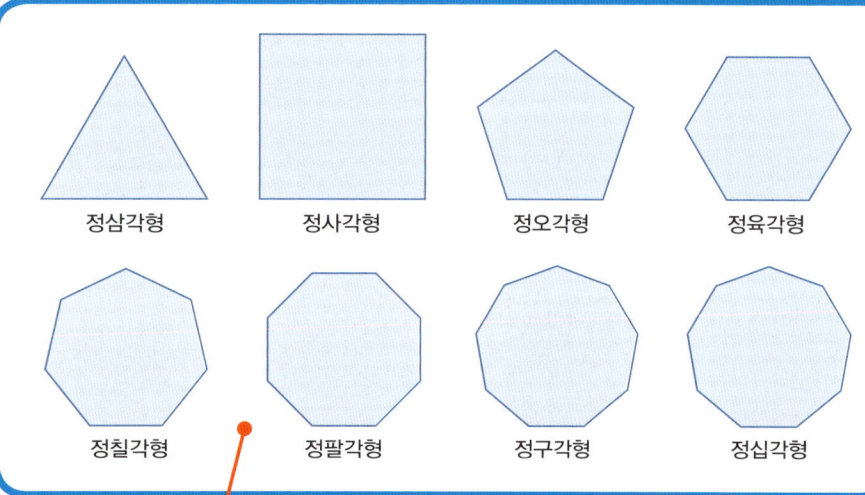

처음 두 정다각형은 정삼각형과 정사각형이에요. 그다음부터는 변과 각이 하나씩 늘어나면서 도형의 이름 속 숫자도 하나씩 늘어나요.

이 축구공의 무늬는 정오각형 12개와 정육각형 20개로 이루어져 있어요.

정오각형은 길이가 같은 변 5개와 108도인 내각 5개로 이루어져요. 정오각형의 내각을 모두 합치면 540도가 되지요.

수학 탐구 정다각형

도형 이름	변의 개수	한 내각의 크기
정삼각형	3	60도
정사각형	4	90도
정오각형	5	108도
정육각형	6	120도
정칠각형	7	128.6도
정팔각형	8	135도

테셀레이션

어떤 도형은 완벽하게 들어맞아 반복된 무늬를 만들어 내요. 이것을 '테셀레이션' 또는 우리말로 '쪽매 맞춤'이라고 하지요. 정삼각형, 정사각형, 정육각형으로는 완벽하게 들어맞는 테셀레이션을 만들 수 있어요. 한 가지 도형으로만 테셀레이션을 만드는 건 아니에요. 2가지 이상의 도형을 섞어 만들 수도 있지요.

정육각형을 이어 붙이면 반복된 무늬가 만들어져요. 한 내각이 120도인 정육각형이 3개 모이면 정확히 360도가 되기 때문이지요.

2차원 평면의 축구공 이미지는 정육각형만으로도 만들 수 있어요. 하지만 3차원 입체로 만들어지는 진짜 축구공은 정육각형만으로는 만들 수 없기 때문에 정오각형을 함께 사용하지요.

정육각형은 길이가 같은 변 6개와 120도인 내각 6개로 이루어져요. 정육각형의 내각을 모두 합치면 720도가 되지요.

알고 있나요? 천각형은 변이 1,000개인 다각형이에요. 원과 거의 비슷하게 생겼지만 확대해 보면 다각형을 이루는 변과 내각이 보이지요.

3차원 도형

수학에서 다루는 도형이 2차원의 평면 도형만 있는 건 아니에요. 정육면체, 구, 원기둥 같은 3차원 입체 도형도 수학의 영역이지요. 2차원 도형을 다루는 기하학은 평면 기하학, 3차원 도형을 다루는 기하학은 입체 기하학이라고 해요.

다면체

3차원 도형을 구분하는 가장 중요한 기준은 곡선이에요. 정육면체와 피라미드 같은 도형은 곡선이 아닌 직선으로 이루어진 면이 모여 있기 때문에 말 그대로 '면이 여러 개인' 다면체예요. 반면 구와 원뿔 같은 도형은 각이 없이 곡면으로 이루어져 있어 면이 없기 때문에 다면체가 아니에요.

> 정다면체는 모든 면이 똑같은 정다각형으로 만들어져요. 정다면체에는 정사면체, 정육면체, 정팔면체, 정십이면체, 정이십면체 등이 있어요.

> 이 주사위 게임 세트에는 4가지 정다면체 주사위와 변과 각이 제각각인 다면체 주사위가 함께 들어 있어요.

깊이 2미터, 너비 3미터, 길이 8미터인 수영장의 부피를 구하는 식은 다음과 같아요.
2×3×8=48㎥

부피

3차원 도형에 들어 있는 공간의 양을 부피라고 해요. 직사각형으로 이루어진 직육면체는 부피를 쉽게 구할 수 있어요. 길이, 너비, 높이 또는 깊이를 곱하면 되지요.

> 정다면체는 고대 그리스 철학자 플라톤의 이름을 따서 '플라톤의 입체'라고도 불려요.

알고 있나요? 다면체는 대개 면의 개수에 따라 이름이 붙여져요. 정이십면체는 면 20개로 이루어져 있지요.

위대한 수학자 플라톤
(기원전 428년경~ 기원전 348년경)

플라톤은 고대 아테네 사람이었어요. 철학자로도 널리 알려져 있지만 동시에 뛰어난 수학자였으며 특히 기하학에 관심이 많았지요. 플라톤은 자신의 이름을 따서 '플라톤의 입체'로 불리는 정다면체 5개가 우주 전체를 이룬다고 믿었어요.

주사위 게임 세트에 들어 있는 주사위들은 각자 이름이 있어요. 이름은 모두 D로 시작하고 그 뒤에는 주사위가 가진 면의 개수가 붙지요. 정이십면체로 된 주사위의 이름은 D20이에요.

구는 비눗방울부터 행성에 이르기까지 우리가 자연에서 흔히 볼 수 있는 도형이에요. 또한 최소의 겉넓이로 최대의 부피를 가지는 입체 도형이지요.

확대

공상 과학 영화를 보면 인간이 거대한 개미, 거미, 토끼에게 공격당하는 끔찍한 장면이 나오기도 해요. 다른 생물이 그렇게 커지면 정말 무서운 일들이 일어날까요? 수학적으로 본다면 꼭 그렇지는 않아요.

겉넓이

작은 동물이 인간보다 훨씬 커져도 위협적이지 않은 건 겉넓이와 부피가 같은 비율로 커지지 않기 때문이에요. 쥐가 거인처럼 커진다면 겉넓이도 커지지만 부피는 이보다 훨씬 더 커져요. 쥐는 거대해진 몸에서 뿜어내는 열을 내보낼 겉넓이, 그러니까 피부가 충분하지 않아서 결국 죽고 말 거예요.

개미는 가볍기 때문에 가느다란 다리로도 제 체중을 지탱할 수 있어요. 하지만 개미의 몸집이 커지면 부피도 늘어날 테고 훨씬 두꺼운 다리가 필요하겠지요.

한 모서리의 길이가 1센티미터인 정육면체는 겉넓이가 6제곱센티미터이고 부피가 1세제곱센티미터예요.

기하급수적으로 늘어나는 부피

한 모서리의 길이가 1센티미터인 정육면체의 모서리가 10배씩 길어진다고 생각해 보세요. 그러면 겉넓이는 100배가 늘어나고, 부피는 1,000배가 늘어나지요. 이렇게 겉넓이와 부피는 다른 비율로 늘어나요.

한 모서리의 길이가 10센티미터인 정육면체는 겉넓이가 600제곱센티미터이고 부피가 1,000세제곱센티미터예요.

알고 있나요? 입체 도형의 부피와 겉넓이를 비교해 보면 구는 부피에 비해 겉넓이가 가장 작아요. 반면 울퉁불퉁한 입체 도형은 부피에 비해 겉넓이가 넓은 편이지요.

모든 생물의 신체 기관은 몸집에 맞춰져 있어요. 하지만 몸집이 너무 커지면 신체 기관이 자기 역할을 제대로 못하게 되지요.

고양이는 높은 곳에서 떨어지더라도 끄떡없어요. 다리를 최대한 벌려 떨어지면 겉넓이가 늘어나 저항력이 커져 떨어지는 속도를 늦출 수 있기 때문이에요.

동물과 곤충의 몸집이 어마어마하게 커지면 움직이는 것은 물론 살아남는 것도 어려워질 거예요.

곤충은 몸속 작은 관과 숨구멍으로 숨을 쉬어요. 몸집이 커지면 개미의 관은 늘어난 부피에 필요한 산소를 충분히 들이마시지 못할 거예요.

수학 탐구
정육면체의 겉넓이와 부피

한 모서리의 길이 (센티미터)	겉넓이 (제곱센티미터)	부피 (세제곱센티미터)
10	600	1,000
20	2,400	8,000
50	15,000	125,000
100	60,000	1,000,000

원주율

원은 곡선으로 만들어진 도형이에요. 직선 도형과는 다른 자기만의 특징을 가지지요. 원에서 원둘레의 길이를 원주, 원 중심을 가로지르는 거리를 지름이라고 해요. 어떤 원이든 원주를 지름으로 나누면 3보다 약간 큰 값이 나와요. 이 값을 원주율 또는 파이라고 하는데, 원주율은 수학에서 가장 유명한 수 가운데 하나예요.

무리수

원주율은 고대 이집트와 바빌로니아에서부터 측정되기 시작했고, 성경에도 나와요. 그런데 원주율을 정확하게 측정할수록 원주율이 간단한 수가 아니라는 사실이 점점 분명해졌지요. 3 뒤에 따라 나오는 소수점 아래 수가 끝나지 않는 데다 예측 가능한 형태로 되풀이되지도 않기 때문이에요. 이런 까닭에 원주율은 분수로도 나타낼 수 없는 '무리수'로 분류돼요.

> 이 파이의 지름이 20센티미터라면 원주율을 이용해 원둘레, 즉 원주를 알아낼 수 있어요.

> 원주율은 약 3.14예요. 파이의 지름 20센티미터에 이 값을 곱하면 파이의 원주가 약 62.8센티미터라는 것을 알 수 있지요.

> 원의 넓이는 반지름의 제곱에 원주율을 곱해 구해요. 따라서 이 파이의 넓이는 약 $10 \times 10 \times 3.14 = 314 \text{cm}^2$가 되지요. 이런 계산은 πr^2으로 나타내요.

소수점 이하의 자릿수

원주율에서 소수점 이하의 수는 일정한 형태를 보이지 않고 끝없이 계속돼요. 자연스럽게 수학자들은 가장 정확한 원주율을 찾아내려고 서로 경쟁을 하게 되었지요. 가장 최근 발표에 따르면 원주율은 소수점 이하 자릿수가 31조 자리가 넘어요. 또 사람들은 원주율을 외우는 것으로도 경쟁을 벌여요. 최근에 우승한 사람은 거의 10시간에 걸쳐 소수점 이하 7만 자리를 암기했다고 해요.

원주율을 외우고 싶다면 문장을 만들어 한 어절의 글자 수가 원주율 각 자릿수의 숫자와 같다는 사실을 떠올려 보면 어떨까요?
'원주율 음 이번에는 꼭 암기해야지.'=3.1415

알고 있나요? 매년 3월 14일은 파이의 날이에요. 원주율의 첫 세 자릿수와 같은 날이라 원주율을 기념하는 날이 되었다고 해요.

위대한 수학자 아르키메데스
(기원전 287년경~기원전 212년경)

아르키메데스는 기원전 3세기에 살았던 고대 그리스의 수학자이자 과학자였어요. 욕조에서 부력의 원리를 깨닫고는 '유레카(알았다)!'를 외친 것으로 유명하지요. 이 이야기는 아르키메데스가 죽은 지 오랜 뒤에야 세상에 알려졌어요. 아르키메데스는 원 안쪽과 바깥쪽에 정구십육각형을 그리는 기발한 방법으로 원주율을 찾아내기도 했어요.

원둘레(원주)

지름

반지름은 원의 중심에서 원주에 이르는 거리를 말해요. 그 값은 정확히 지름의 절반이지요.

반지름

그리스 알파벳이 16번째 소문자(π)는 원주율을 나타내는 기호로 쓰여요. '둘레'를 뜻하는 그리스어의 첫 번째 문자이지요.

대칭성

똑같은 부분으로 나눌 수 있는 2차원 도형이나 3차원 물체를 두고 대칭성이 있다고 말해요. 꽃부터 얼굴에 이르기까지 자연 어디서든 대칭성을 찾을 수 있지요. 대칭성은 건물이나 교통수단처럼 사람이 만들어 낸 사물에서도 흔히 볼 수 있어요.

불가사리는 방사 대칭을 띠는 대표적인 생물이에요. 불가사리를 어느 쪽으로 돌려 보든 모습이 똑같지요.

반사와 회전

대칭성도 모두 똑같지는 않으며 여러 유형으로 나뉘어요. 그 가운데 가장 대표적인 2가지 유형은 반사 대칭과 방사 대칭이에요. 도형을 통과하는 직선을 그려 양쪽이 똑같다면 반사 대칭을 띠는 도형이에요. 가운데 한 점을 중심으로 회전시켜 똑같은 모습을 보이면 방사 대칭이에요.

도형을 360도 회전했을 때 똑같이 보이는 횟수를 '회전 차수'라고 해요. 팔이 5개인 불가사리는 5차의 방사 대칭을 보이지요.

꽃과 눈송이도 자연에서 찾을 수 있는 방사 대칭 사물이에요.

대칭선

반사 대칭을 나타내는 경계선을 '대칭선'이라고 해요. 어떤 도형의 대칭선은 1개보다 많기도 해요. 특히 원은 직선이 없는 도형이기 때문에 대칭선이 셀 수 없이 많아요.

정삼각형은 대칭선이 3개 있어요.

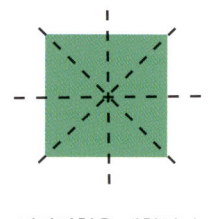

정사각형은 대칭선이 4개 있어요.

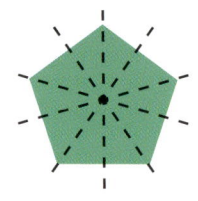

정오각형은 대칭선이 5개 있어요.

알고 있나요? 수에도 대칭이 있어요. 거꾸로 써도 원래와 같은 수를 '대칭 수'라고 하지요. 2020년 02월 02일과 2021년 12월 02일은 대칭 수를 이루는 날이에요.

왜 어떤 사람을 보면 아름답다는 생각이 들까요? 아름다움은 얼굴에 나타나는 대칭성과 관련이 있다고 추정돼요. 사람 얼굴은 대개 좌우가 완벽하게 대칭을 이루지 않아요. 그래서 대칭에 가까운 얼굴이 좀 더 매력적으로 보인다는 연구 결과가 있지요.

성게, 바다나리 같은 바다 생물들은 불가사리와 마찬가지로 방사 대칭을 띠어요.

수학 탐구
대칭 차수

방사 대칭 차수	예
4	네잎클로버
5	불가사리
10	다트 판
무한	비눗방울

위상 수학

위상 수학은 형태를 구부리거나 꼬거나 잡아 늘이면 어떻게 변하는지를 살펴보는 수학 분야예요. 형태를 찢거나 이어 붙이지 않고 고무처럼 잡아 늘이기 때문에 '고무판 위의 기하학'으로도 불리지요. 도형을 조금 다른 관점으로 바라보는 기하학이기도 한 위상 수학에서는 도형이 가진 구멍의 개수가 매우 중요해요.

똑같은 형태

위상 수학은 원과 사각형을 같은 도형으로 생각해요. 원의 곡선을 잡아 늘이면 사각형을 만들 수 있기 때문이에요. 반대로 사각형을 매만져 원으로 만들 수도 있고요. 위상 수학에서는 이런 도형을 '위상 동형'이라고 하지요. 원은 사각형과는 위상 동형이지만 8자 모양의 도형과는 위상 동형이 아니에요. 또한 구는 손잡이가 없는 컵과는 위상 동형이지만 손잡이가 달린 잔과는 위상 동형이 아니지요.

> 위상 수학에서 잔과 도넛은 위상 동형, 즉 같은 형태예요.

> 잔과 도넛 모두 구멍이 하나 나 있어요. 잔은 손잡이에 구멍이 있고 도넛은 가운데에 구멍이 나 있지요.

위대한 수학자
아우구스트 뫼비우스
(1790년~1868년)

아우구스트 뫼비우스는 '뫼비우스의 띠'를 처음으로 제시한 독일의 수학자예요. 같은 시기에 요한 베네딕트 리스팅이라는 독일의 또 다른 수학자도 이 형태를 연구하고 있었지요. 하지만 안과 밖의 구분이 없는 신기한 2차원 도형은 뫼비우스의 이름을 따 뫼비우스의 띠라고 이름 지어졌어요. 눈으로 직접 보고 만져 봐도 신기한 이 도형은 마술사는 물론 화가에 이르기까지 많은 사람들에게 영감을 주었어요.

뫼비우스의 띠

위상 수학은 '뫼비우스의 띠'처럼 매우 특이한 형태를 연구해요. 뫼비우스의 띠는 안팎이 구별되지 않는 신기한 도형이에요. 개미가 이 띠의 한 면을 따라 기어가다 보면 어떤 경계도 지나거나 넘지 않고 안과 밖 모두를 걸어 출발했던 곳으로 되돌아오지요.

뫼비우스의 띠는 누구나 쉽게 만들 수 있어요. 기다란 종이 띠의 한쪽 끝을 180도, 그러니까 반 바퀴 꼰 다음에 양쪽 끝을 이어 붙이면 되지요.

도넛을 당기고 늘이면 찢거나 다시 이어 붙이지 않고도 잔의 형태로 만들 수 있어요.

도넛은 구멍이 하나 뚫린 3차원 도형, '원환체'예요. 반지와 타이어도 같은 형태를 띠지요.

가위에는 구멍이 2개 나 있어요. 따라서 가위는 위상 수학에서 잔과는 다른 형태로 다루지요. 하지만 잔에 손잡이가 2개 달려 있다면 가위와 위상 동형이 될 거예요.

알고 있나요? 독일의 수학자 펠릭스 클라인은 뫼비우스의 띠보다 더 신기한 '클라인 병'을 생각해 냈는데, 하나뿐인 면이 연속적으로 이어진 3차원 도형이에요.

프랙털

프랙털은 한 부분이 전체의 형태와 똑같은 도형으로, 확대해 들여다보면 전체를 꼭 닮은 복잡한 무늬가 반복적으로 나타나요. 이 신기하고 놀라운 무늬는 사람들 마음을 사로잡아 광고나 화면 보호기 같은 데 많이 쓰이지요. 하지만 프랙털이 단지 신기하고 재미있기만 한 것은 아니에요. 지난 수십 년 동안 프랙털은 기하학의 새로운 분야가 되어 의학에서부터 공학, 경제학에 이르기까지 모든 영역에 두루 영향을 끼치고 있지요.

로마네스코 브로콜리는 전체 모양과 닮은 작은 부분들이 나선형으로 모여 전체를 이루어요.

자연 속의 프랙털

프랙털 구조는 해안선, 혈관, 콜리플라워처럼 어디에서든지 찾아볼 수 있어요. 이런 자연물은 수학적으로 정확한 프랙털이라기보다는 그저 프랙털과 비슷한 모양인 경우도 있지요. 그래도 이것들을 잘 관찰하면 프랙털을 연구하는 데 도움이 돼요.

이 프랙털은 폴란드 수학자인 브누아 망델브로의 이름을 따서 '망델브로 집합'이라고 해요. 정교하면서도 아름다운 프랙털을 만들려면 아주 복잡한 수학 공식이 필요해요.

알고 있나요? 애니메이션 영화에서 진짜처럼 보이는 털이나 피부 이미지는 프랙털을 이용해 만들어 내요.

자연의 패턴

기하학에서 다루는 테셀레이션이나 프랙털 같은 도형과 형태, 패턴을 수학에서만 볼 수 있는 것은 아니에요. 자연에서도 모두 찾아볼 수 있지요. 기하학은 자연에서 시작된 셈이니까요. 꼭 맞게 이어 붙인 작은 육각형들이 모여 만들어지는 벌집, 뚜렷한 대칭을 띠고 있는 호랑이 얼굴의 줄무늬처럼 주변의 생물만 자세히 살펴보아도 신기한 수학적 패턴을 만날 수 있어요.

> 벌집에서 보이는 육각형 구조는 튼튼하면서도 수학적으로 효율적인 구조예요.

나선무늬, 반점, 줄무늬

테셀레이션은 자연에서 흔히 볼 수 있는 무늬 가운데 하나에 불과해요. 자연에는 그 밖에도 나선무늬, 대칭, 프랙털 같은 무늬가 수도 없이 많지요. 수학자들은 표범의 반점과 얼룩말의 줄무늬 같은 패턴도 흥미롭게 연구해요.

> 벌은 밀랍으로 벌집을 지어 꿀을 저장해요. 그런데 벌집을 짓는 데 힘이 많이 들기 때문에 최소한의 밀랍으로 최대한 많은 꿀을 저장할 수 있는 형태의 벌집을 짓지요.

> 앨런 튜링은 컴퓨터의 발전에 크게 기여한 수학자로 널리 알려져 있지만 동물 몸에 반점, 줄무늬, 얼룩무늬가 나타나는 방식을 설명하기도 했어요. 튜링은 동물 몸속의 물질들이 상호 작용하고 퍼지면서 독특한 무늬를 만들어 낸다고 했는데, 그래서 이 무늬들을 '튜링 패턴'이라고도 불러요.

수학 탐구
자연에서 찾을 수 있는 무늬

무늬	예
반사 대칭	호랑이 줄무늬
테셀레이션	벌집
나선무늬	나선 은하
프랙털	눈송이
구불구불한 형태	강굽이

46 알고 있나요? 북아일랜드의 자이언츠 코즈웨이에는 수천만 년 전에 용암이 식으면서 만들어진 정육각형 현무암이 테셀레이션을 이루고 있어요.

원은 가장 짧은 둘레로 만들 수 있는 가장 넓은 도형이에요. 그래서 벌은 원으로 된 방을 만들지요. 하지만 원과 원 사이에 틈이 생기기 때문에 밀랍으로 그 틈을 메워 육각형으로 만들어요.

앵무조개

나선무늬는 염소 뿔에서부터 은하에 이르기까지 어디에나 있어요. 자연에 존재하는 수많은 나선무늬가 '황금비'로 불리는 비율(약 1.618:1)로 커진다는 주장도 있지요. 하지만 자연 속 나선무늬를 측정해 보면 꼭 그렇지는 않아요.

소라 같은 조개류는 중심에서부터 나선을 그려 나오는 단단한 껍데기에 싸여 있어요. 특히 앵무조개의 껍데기는 자연에서 가장 유명한 나선무늬 중 하나이지요.

정삼각형, 정사각형, 정육각형은 테셀레이션을 이룰 수 있는 정다각형이에요. 이 가운데 정육각형 테셀레이션으로 벌집을 지으면 둘레가 가장 짧아 밀랍을 가장 적게 사용하게 되지요. 정육각형이 벌집을 짓는 완벽한 형태인 셈이에요.

47

제3장 측정
길이

우리는 사물이 얼마나 큰지 또는 서로 얼마나 떨어져 있는지 언제나 설명해야 하기 마련이에요. 하지만 어디에서든 쓸 수 있는 표준 단위가 만들어지고 쓰이기까지 오랜 시간이 걸렸지요. 고대 서양에서 쓰던 큐빗이라는 단위는 팔꿈치에서 손끝까지의 길이를 말하는데, 이런 단위는 재는 사람에 따라 달라지기 때문에 혼란을 일으키기도 해요.

신체를 이용한 단위

고대 이집트와 바빌로니아 지역에서 쓰던 큐빗은 팔을 이용한 길이 단위예요. 이처럼 예전에는 우리 몸의 일부를 측정 단위로 쓰는 경우가 많았지요. 그 가운데 몇 가지는 오늘날에도 여전히 쓰이는데, 피트는 발 길이를 기준으로 하는 길이 단위예요.

미터(m)는 거리를 나타내는 국제단위예요. 십진법으로 길이, 너비, 질량, 부피를 재는 미터법의 일부이지요.

중세 영국에서는 보리 낱알을 길이의 단위로 사용했어요. 보리 낱알의 길이는 사실 제각각이지만 낱알 하나의 길이를 ⅓인치로 생각했지요.

미터보다 훨씬 길거나 짧은 거리를 나타낼 때는 미터에 접두사를 붙여요. 킬로미터(km)는 미터의 1,000배이고, 센티미터(cm)는 미터의 100분의 1이지요.

알고 있나요? 양팔을 쭉 뻗으면 그 폭이 키와 비슷해요. 여러분도 양팔을 벌려 폭을 재고 여러분 키와 비슷한지 확인해 보세요.

수학 탐구
신체를 이용한 길이 단위

길이 단위	정의
큐빗	팔뚝 길이
피트	발 길이
핸드	엄지손가락을 포함한 손바닥 폭
핑거	손가락 폭
페이스	보폭

영국, 미국 같은 몇몇 나라에서는 거리를 킬로미터 대신 마일로 나타내요. 마일은 미터법이 국제단위가 되기 전에 쓰이던 야드파운드법 단위이지요.

손으로 재기

서양 문화권에서는 한때 손을 길이의 단위로 널리 사용했어요. 대개 엄지손가락을 포함한 손바닥 폭을 기준으로 삼았지요. 이 단위는 4인치 또는 10.16센티미터에 해당하는 길이로, 지금도 말과 조랑말의 몸길이를 재는 데 쓰여요.

접두사를 붙인 단위인 킬로미터가 없었다면 거리를 나타내는 표지판을 읽기 힘들었을 거예요. 16,810킬로미터가 16,810,000미터로 써야 했을 테니까요.

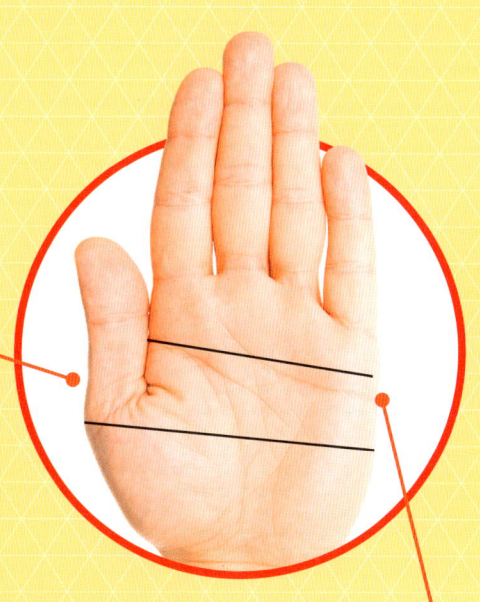

'핸드'는 엄지손가락을 포함한 손바닥 폭을 기준으로 하는 단위예요.

엄지손가락을 뺀 손바닥 폭을 기준으로 하는 측정 단위도 있어요.

수학 탐구
벤포드의 법칙

숫자	첫 자리일 확률	숫자	첫 자리일 확률
1	30.1%	6	6.7%
2	17.6%	7	5.8%
3	12.5%	8	5.1%
4	9.7%	9	4.6%
5	7.9%		

벤포드의 법칙은 범죄를 막는 데도 쓰여요. 기업이 일부러 만들어 낸 가짜 자료는 대개 벤포드의 법칙을 따르지 않기 때문에 이런 자료들은 조작되었다는 의심을 받지요.

수사관은 기업의 정보가 벤포드의 법칙과 맞는지를 살펴요. 그렇지 않다면 기업이 사기를 벌이고 있다는 신호일 수 있지요.

벤포드의 법칙은 부정 선거를 찾아내는 데도 이용돼요. 투표 자료를 분석해 결과가 조작됐는지를 살펴보는 거예요. 당연하게도 이런 분석은 때로 사회적으로 큰 논란이 되기도 해요.

알고 있나요? 도수 분포표를 만들 때는 자료를 0~5, 5~10으로 나누면 편리해요.

그래프

자료를 모으고 분류하는 것만큼 정리해 보여 주는 것도 중요해요. 이때 자료를 그래프와 도표 같은 그림으로 나타내면 이해하기가 훨씬 쉽지요. 하지만 그래프와 도표의 종류도 다양하기 때문에 자료에 가장 알맞은 것을 골라야 해요.

선 그래프

시간의 흐름에 따라 변하는 자료는 선 그래프로 보여 주면 좋아요. 시간을 수평 눈금인 X축으로, 온도와 같은 또 다른 변수를 수직 눈금인 Y축으로 나타내지요. 수치 각각을 점으로 나타낸 다음 점을 직선으로 연결하면 그래프가 만들어져요.

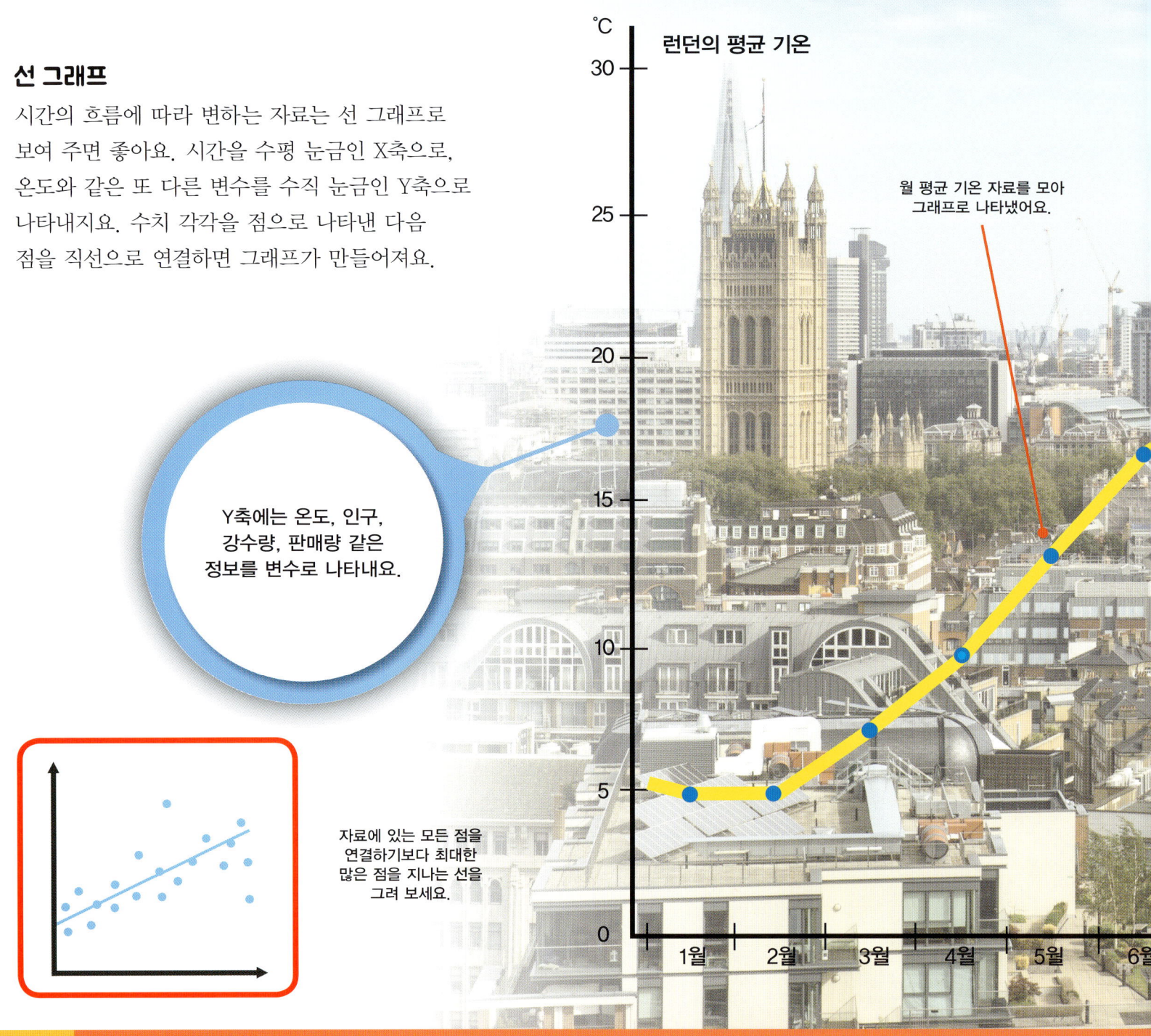

런던의 평균 기온

월 평균 기온 자료를 모아 그래프로 나타냈어요.

Y축에는 온도, 인구, 강수량, 판매량 같은 정보를 변수로 나타내요.

자료에 있는 모든 점을 연결하기보다 최대한 많은 점을 지나는 선을 그려 보세요.

알고 있나요? 그래프에 나타난 형태를 통해 앞으로 일어날 일을 예측하기도 해요. 이것을 '외삽법'이라고 하지요.

수학 탐구
그래프를 그리는 4가지 요소

눈금	자료를 정확히 보여 주는 눈금을 선택해요.
축	각 축에 일정하게 증가하는 눈금을 표시해요.
표식	각 축에 자료의 유형과 단위를 표시해요.
제목	그래프의 목적을 설명하는 제목을 붙여요.

왜곡된 데이터

아래 두 그래프 모두 세계 평균 기온의 변화를 보여 줘요. 하지만 위쪽 그래프는 기온을 나타내는 Y축 눈금의 단위가 크기 때문에 기온의 변화가 거의 없어 보여요. 반면 아래쪽 그래프는 눈금의 단위가 작기 때문에 기온 상승이 뚜렷하게 보이지요.

점들을 직선으로 연결하면 달마다 기온이 어떻게 변하는지 분명히 알 수 있어요. 런던의 기온은 7월에 가장 높이 올랐다가 그 후로 낮아지지요.

그래프는 자료를 왜곡해 오해를 불러일으킬 수도 있어요.

섣부르게 결론을 내리기 전에 그래프를 주의 깊게 들여다봐야 해요.

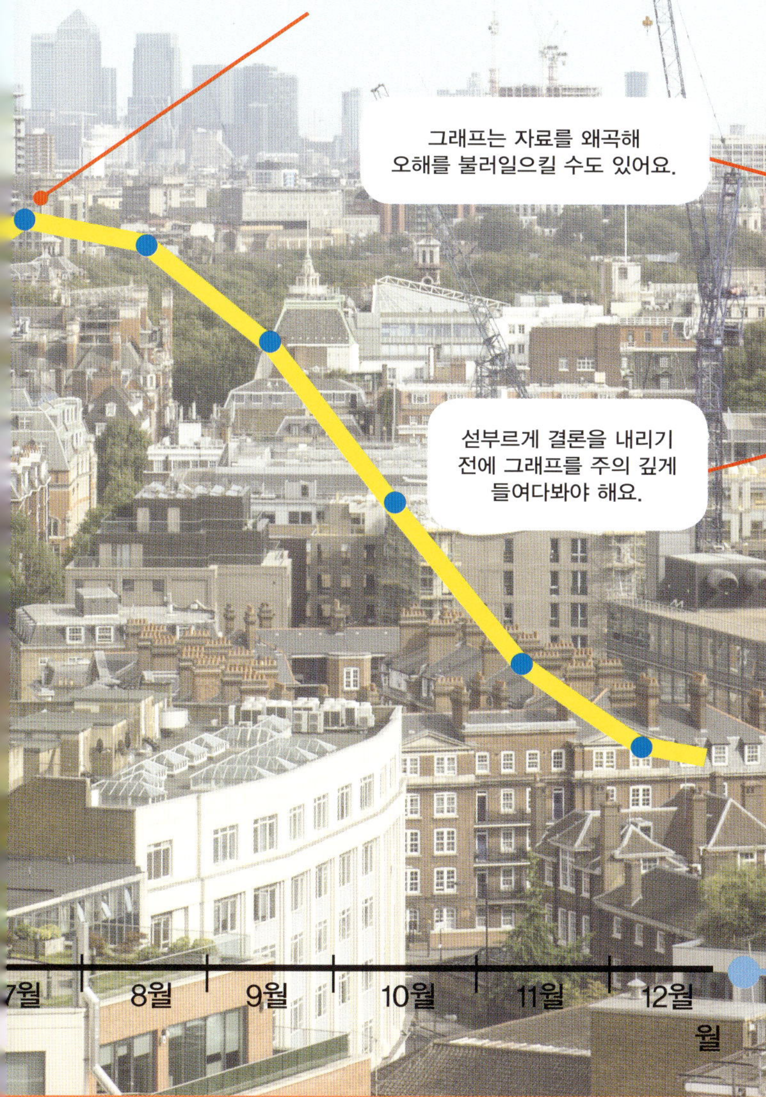

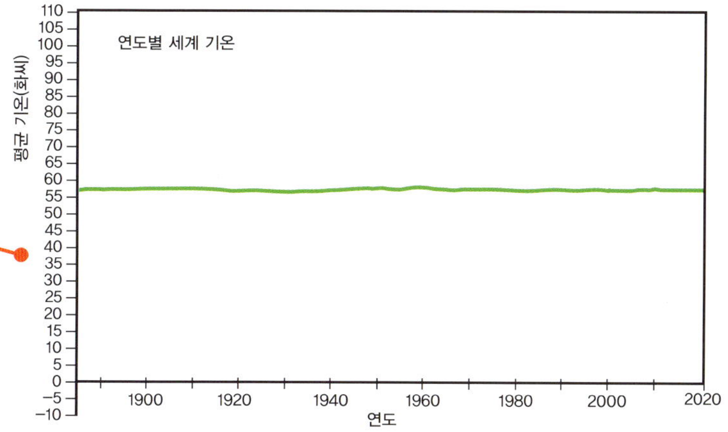

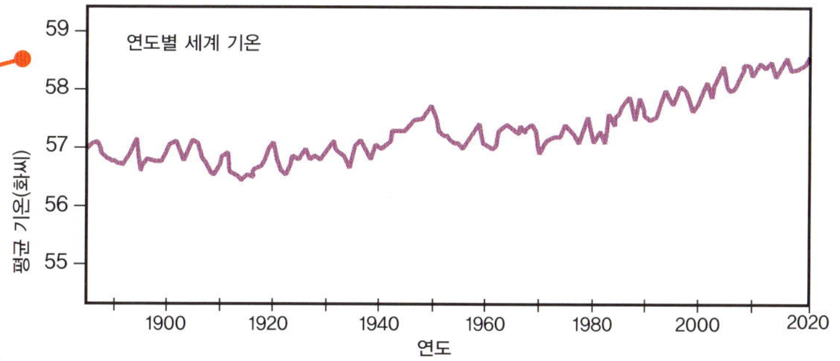

X축은 주로 시간을 나타내요. 시간은 자료에 따라 연도, 월, 주, 분, 심지어 초가 될 수도 있지요.

도표

어떤 변수가 시간에 따라 변하는 모습을 보여 줄 때는 선 그래프가 유용하지만 다양한 자료를 보여 줄 때는 도표를 사용해요. 학교 친구들이 학교에 등교하는 방법을 보여 준다고 생각해 보세요. 그래프 위에 결과를 표시해 선으로 이으면 자료가 가지는 의미를 전달하기 어려울 거예요. 이럴 때는 막대그래프처럼 도형을 이용해 나타내는 도표가 훨씬 좋지요.

막대그래프

막대그래프는 여러 자료를 개별적으로 보여 줄 때 주로 쓰여요. 등교하는 방법을 자동차, 도보, 버스, 자전거로 나누고 각각의 방법을 하나의 막대로 표시하는 것처럼요. 이때 막대의 높이는 각 방법으로 등교하는 학생의 수를 나타내겠지요. 도표에는 막대그래프 외에도 다양한 형태가 있고 모두 나름의 장점이 있어요. 원그래프는 자료들 사이의 상대적인 크기를 비교하는 데 알맞아요.

19세기 중반, 간호사 플로렌스 나이팅게일은 도표로 세상을 바꿀 수 있다는 것을 보여 주었어요. 병원의 위생과 관련된 기록을 도표로 정리해 위생이 얼마나 중요한지를 세상에 보여 주었거든요.

1853년에 일어난 크림 전쟁에서 다친 병사 수백 명이 군 병원에서 죽어 갔어요. 사람들은 병사들이 전쟁에서 입은 부상 때문에 죽었다고 생각했지만 나이팅게일은 병사들이 죽은 원인을 모두 기록해 보기로 했지요.

위대한 수학자
플로렌스 나이팅게일
(1820년~1910년)

플로렌스 나이팅게일이 처음으로 원그래프를 만들었다는 것은 사실이 아니에요. 1801년 윌리엄 플레이페어가 먼저 다양한 도표를 제시했거든요. 하지만 나이팅게일은 다양한 도표의 형식을 세상에 널리 알렸고, 그래프가 자료를 효과적으로 전달한다는 사실을 보여 주었어요. 또 원그래프를 변형한 원형 도표를 생각해 내기도 했지요.

알고 있나요? '픽토그램'은 자료의 내용을 누구나 쉽게 알아볼 수 있는 그림으로 표현한 도표예요.

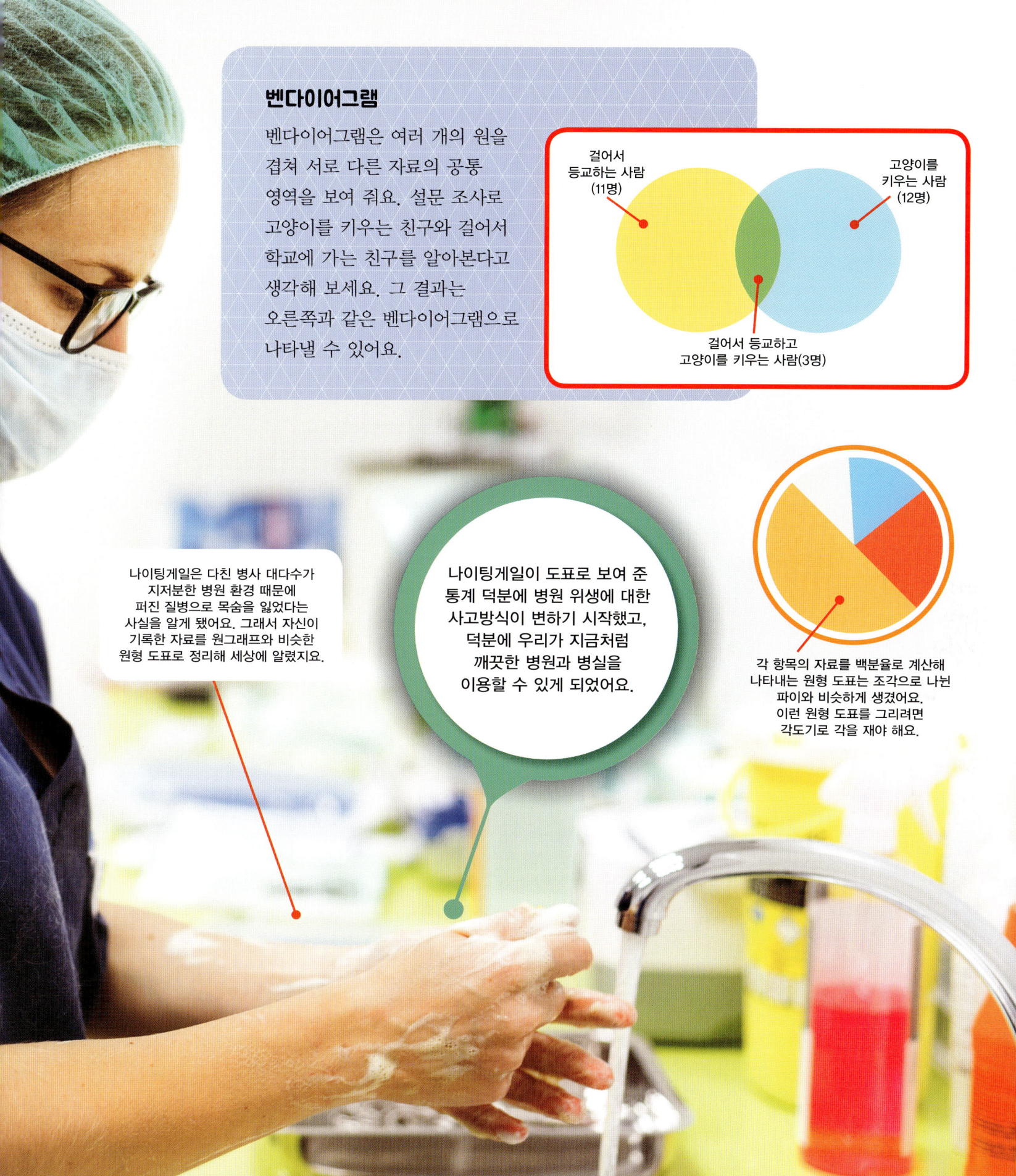

벤다이어그램

벤다이어그램은 여러 개의 원을 겹쳐 서로 다른 자료의 공통 영역을 보여 줘요. 설문 조사로 고양이를 키우는 친구와 걸어서 학교에 가는 친구를 알아본다고 생각해 보세요. 그 결과는 오른쪽과 같은 벤다이어그램으로 나타낼 수 있어요.

걸어서 등교하는 사람 (11명)

고양이를 키우는 사람 (12명)

걸어서 등교하고 고양이를 키우는 사람(3명)

나이팅게일은 다친 병사 대다수가 지저분한 병원 환경 때문에 퍼진 질병으로 목숨을 잃었다는 사실을 알게 됐어요. 그래서 자신이 기록한 자료를 원그래프와 비슷한 원형 도표로 정리해 세상에 알렸지요.

나이팅게일이 도표로 보여 준 통계 덕분에 병원 위생에 대한 사고방식이 변하기 시작했고, 덕분에 우리가 지금처럼 깨끗한 병원과 병실을 이용할 수 있게 되었어요.

각 항목의 자료를 백분율로 계산해 나타내는 원형 도표는 조각으로 나뉜 파이와 비슷하게 생겼어요. 이런 원형 도표를 그리려면 각도기로 각을 재야 해요.

증가

꾸준히 그리고 서서히 증가하는 모습을 보이는 자료가 있는 반면 갑작스럽고 빠르게 증가하는 모습을 보이는 자료도 있어요. 한 연구에서 박테리아의 개체 수가 일정한 시간마다 2배씩 늘어난다고 생각해 보세요. 우리는 이렇게 증가하는 자료를 두고 '기하급수적'으로 증가한다고 말해요.

선형 증가와 기하급수적 증가

꾸준한 속도로 증가하는 것을 '선형 증가'라고 해요. 하루에 100원씩 저금한다면 저금통에는 100원, 200원, 300원, 400원이 차곡차곡 쌓이지요. 반면 거듭제곱 꼴로 증가하는 것은 '기하급수적 증가'라고 해요. 저금하는 돈을 날마다 2배씩 늘린다면 첫날은 100원, 다음 날부터는 200원, 400원, 800원, 1,600원을 저금하게 되지요.

수가 기하급수적으로 늘어나면 순식간에 엄청나게 큰 수가 돼요. 인도의 어느 전설처럼요.

인도에는 왕과 체스로 겨뤄 이긴 현자에 관한 이야기가 전해져 내려와요. 현자는 체스에서 이긴 대가로 체스보드의 1번째 칸에는 쌀 1톨, 2번째 칸에는 2톨, 3번째 칸에는 4톨처럼 쌀알을 2배씩 늘려 놓아 달라고 했지요.

어떤 사람들은 인공 지능이 기하급수적인 속도로 성장해 이번 세기 안에 인간의 지능을 앞지를 거라고 믿어요.

알고 있나요? 기하급수적 증가만 있는 것은 아니에요. 기하급수적인 비율로 감소하는 것을 '지수 함수형 붕괴'라고 해요.

그래프로 나타내기

선형 증가와 기하급수적 증가를 그래프로 나타내면 그 차이를 한눈에 볼 수 있어요. 선형 증가는 위로 향하는 일직선 형태인 데 비해 기하급수적 증가는 점점 가팔라지는 곡선 형태를 띠지요.

쌀알이 계속 2배씩 늘어나면 그 수는 1, 2, 4, 8, 16, 32, 64, 128로 이어지다가 금세 수백만, 수십억에 이르게 돼요.

왕은 무심코 현자의 청을 들어주지만 이내 자신이 1,800경이 넘는 쌀알을 현자에게 빚지게 된다는 사실을 깨달아요. 이 이야기는 처음에는 아주 작게 보이는 것이 기하급수적으로 늘어나면 금세 엄청 커진다는 사실을 보여 주지요.

수학 탐구
저축을 2배씩 늘려 나간다면?

저축하는 날	저축 금액	저축하는 날	저축 금액
1일	100원	10일	51,200원
2일	200원	20일	52,428,800원
3일	400원	30일	53,687,091,200원
4일	800원	40일	54,975,581,388,800원

확률

수학이 미래에 일어날 일을 정확히 예측할 수는 없지만 어떤 일이 일어날 가능성을 계산할 수는 있어요. 이런 가능성을 '확률'이라고 하는데, 수학에서 무척 중요한 분야 가운데 하나예요. 확률은 0과 1 사이에 있는 수로 나타내는데, 어떤 일이 절대로 일어날 수 없을 때는 확률이 0, 반드시 일어날 때는 확률이 1이에요.

모든 결과

모든 경우의 수로 어떤 사건이 일어날 경우의 수를 나누면 확률을 구할 수 있어요. 모두 52장인 트럼프 카드에서 카드를 1장 뽑는다고 할 때 1장뿐인 스페이드 모양의 에이스 카드를 뽑을 확률은 52분의 1, 즉 0.01923이에요. 반면 모두 4장인 에이스 카드 가운데 1장을 뽑을 확률은 52분의 4, 즉 0.07692예요. 모든 경우의 수는 52로 같지만 에이스 카드를 뽑을 경우의 수가 4가 되기 때문이지요.

주사위 1개를 던져 6이 나올 확률은 6분의 1, 그러니까 0.16667이에요. 주사위를 던져 나올 수 있는 수가 6가지이므로 모든 경우의 수는 6이고, 특정 숫자인 6이 나올 경우의 수는 1이기 때문이지요.

주사위 1개를 던져 홀수가 나올 확률은 2분의 1, 즉 0.5예요. 모든 경우의 수는 6이고 그 가운데 홀수는 3개가 있으므로 홀수가 나올 경우의 수는 3이지요.

위대한 수학자
피에르 드 페르마
(1607년~1665년)

프랑스의 수학자 피에르 드 페르마는 블레즈 파스칼과 함께 주사위 같은 놀이에 수학을 적용해 확률론을 발전시켰어요. 또 오랫동안 수많은 수학자들을 곤경에 빠뜨리기도 했지요. 자신이 남긴 수학적 가설을 증명할 수 있다고 썼지만 증명하는 방법을 남기지 않았기 때문이에요. 수수께끼와도 같은 이 문제는 '페르마의 마지막 정리'로 알려졌고, 1985년에야 비로소 증명됐어요.

알고 있나요? 일어날 수 있는 모든 결과의 확률을 합하면 1이에요. 동전을 던져 앞면이 나올 확률과 뒷면이 나올 확률은 각각 0.5, 따라서 확률의 합은 1이지요.

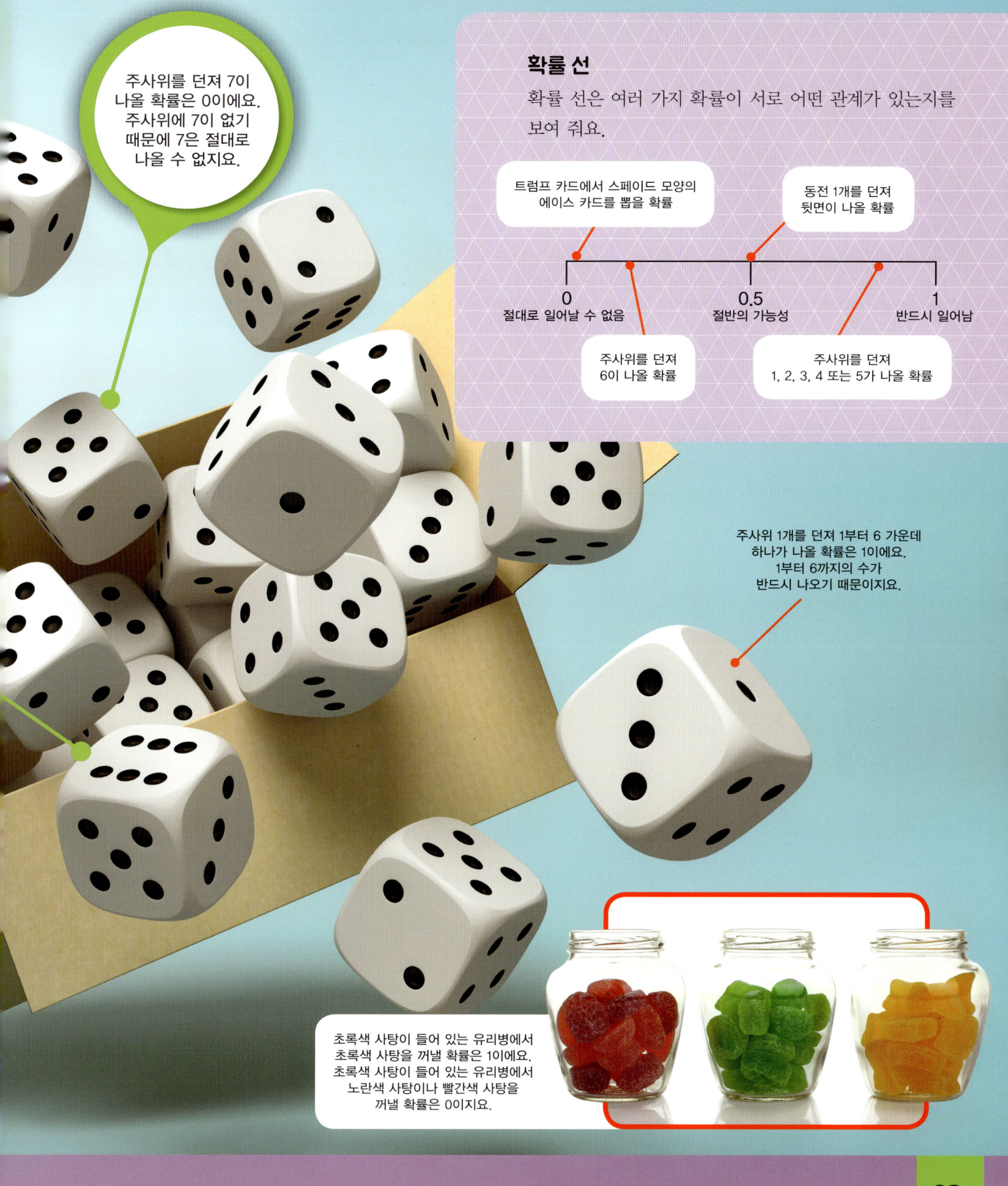

어림수

수학에서는 뭐든 정확한 것이 좋아요. 하지만 때로는 적당히 짐작해 문제를 풀기도 하지요. 선물을 포장할 포장지를 얼마나 사야 할지, 친구 9명과 생일 케이크를 나눠 먹으려면 얼마큼씩 잘라야 할지, 장바구니에 들어 있는 물건의 가격이 모두 얼마인지를 알고 싶을 때가 있어요. 바로 그럴 때 짐작으로 잡은 어림수가 쓰여요.

적당히 어림하기

어림수를 구할 때는 정확한 답을 찾으려고 애쓰지 않아도 괜찮아요. 목적에 맞게 적당히 짐작하면 그만이지요. 1병에 790원인 음료수를 장바구니에 6병 담아 계산대로 가져간다고 생각해 보세요. 계산원이 모두 5,530원이라고 말했을 때 그 금액이 맞는지 확인해 보고 싶을 거예요. 이때 빠르게 계산하기 위해 음료수가 1병에 800원이라고 어림잡으면 6병의 가격이 5,000원을 넘지 않으며, 따라서 계산이 틀렸다는 사실을 금방 알 수 있지요.

> 이 들판에 핀 데이지가 모두 몇 송이인지 세려면 시간이 오래 걸리는 데다 헷갈려 무척 힘들 거예요. 하지만 표본으로 전체를 어림할 수 있어요.

반올림

수를 적당히 올리거나 내리면 어림하기가 쉬워져요. 이것을 반올림이라고 하는데 어림하려는 단위 바로 아랫자리의 수가 5 이상이면 앞 자릿수를 하나 올리고, 5 미만이면 잘라 버려 그 자리를 0으로 만들지요. 73을 가장 가까운 십 단위로 어림하여 70을 만들기도 하고, 5.7523을 소수점 아래 첫째 자리로 어림하여 5.8로 만들기도 해요.

82.5센티미터를 반올림하면 83센티미터가 돼요.

수학 탐구
반올림

소수점 아래 셋째 자리까지 나타내기	67,382.592	십의 자리까지 나타내기	67,380
소수점 아래 둘째 자리까지 나타내기	67,382.59	백의 자리까지 나타내기	67,400
소수점 아래 첫째 자리까지 나타내기	67,382.6	천의 자리까지 나타내기	67,000
일의 자리까지 나타내기	67,383	만의 자리까지 나타내기	70,000

데이지의 수를 어림하려면 먼저 들판 전체의 넓이를 구하고, 그 가운데 일부를 정해 표본이 될 영역의 넓이를 구해요. 그다음, 표본 영역에 핀 데이지를 세요.

들판 전체 넓이를 표본의 넓이로 나눈 다음 표본에 핀 데이지의 수를 곱하면 어림수를 구할 수 있어요.

표본을 여러 개로 하면 어림수의 정확도를 높일 수도 있어요. 표본 2곳을 정해 각 표본에 핀 데이지를 세 평균을 낸 다음 어림수를 구하면 되지요.

계산기와 계산기 애플리케이션을 자주 쓰면서도 때로 실수를 하기도 해요. 어림하는 습관을 만들면 실수를 알아차리기가 훨씬 쉬워져요.

알고 있나요? 어림해 얻은 값에는 '같다'는 의미의 등호(=) 대신 '거의 같다'는 의미의 기호(≈)를 써요.

카오스 이론

수학은 대개 질서를 다루어요. 하지만 20세기에 시작된 새로운 수학 분야는 질서와 정반대의 의미를 가진 불확실성을 연구해요. 그 가운데 카오스 이론은 아주 작게 시작된 변화가 결국에는 아주 큰 영향을 끼친다는 사실을 주의 깊게 들여다보지요. 여러분도 나비의 작은 날갯짓이 수백 킬로미터 떨어진 지역에 토네이도를 일으킬 수 있다는 이야기를 들어 봤을 거예요.

생활 속의 카오스

이상하게 들릴 수도 있지만 카오스 이론은 생활 곳곳에 쓰여요. 처음에는 일기 예보 같은 곳에 쓰이던 이론이 이제는 금융, 인공 지능, 인구 역학 같은 다양한 분야에 활용되고 있지요. 큰 변화를 불러오는 작은 변화와 무질서하게 보이는 혼돈에서 발견되는 논리적인 법칙을 연구해 우리 삶에 적용하는 거예요.

1972년, 미국의 수학자 에드워드 로렌츠가 '브라질에 있는 나비의 날갯짓이 미국 텍사스에 토네이도를 일으킬 수 있을까?'라는 생각을 세상에 내놓았어요.

중력으로 서로에게 영향을 주는 천체 3개가 항상 단순하고 반복된 방식으로 움직이지는 않아요.

삼체문제

19세기의 프랑스 수학자 앙리 푸앵카레는 만유인력의 영향을 서로 주고받는 지구, 태양, 달의 움직임을 연구하는 '삼체문제'를 연구하면서 카오스 이론의 기초를 세웠어요. 당시 수학자들은 세 천체의 운동을 예측할 방법을 찾고 있었는데, 푸앵카레는 세 천체의 운동을 정확히 예측하기 불가능한 혼돈 상태로 바라봤지요.

로렌츠는 나비의 날갯짓 같은 대기의 작은 변화가 어떻게 세계 반대쪽에 크나큰 기상 이변을 일으킬 수 있는지 설명했어요.

알고 있나요? 에드워드 로렌츠는 원래는 갈매기의 날개로 카오스 이론을 설명했어요. 하지만 갈매기를 나비로 바꾼 뒤에 이 이론이 유명해지기 시작했지요.

로렌츠는 초기 컴퓨터로 기후 변화 모형을 만들었어요. 그러다 결과 값이 소수점 아래 여섯째 자리에서 소수점 아래 셋째 자리로 반올림되면서 생긴 작은 변화가 결과에 생각지도 못한 큰 영향을 준다는 사실을 알게 됐지요. 나비는 아주 작고 미미하게 보이는 변화를 말하기 위해 고른 예시일 뿐이에요.

카오스 이론은 놀라울 정도로 많은 영역에서 활용돼요. 캐나다에 사는 스라소니의 개체 수가 어떻게 변하는지를 알아보는 모형에도 쓰이지요.

로렌츠의 생각은 '나비 효과'로 세상에 널리 알려졌어요.

위대한 수학자

에드워드 로렌츠
(1917년~2008년)

미국의 수학자이자 기상학자 에드워드 로렌츠는 컴퓨터를 이용해 날씨를 예측하면서 카오스 이론을 발전시켰어요. 하지만 카오스 이론은 단지 기상학에 영향을 주는 데 그치지 않고 수학의 새로운 분야로 발전해 20세기에 가장 중요한 이론 가운데 하나로 자리를 잡았지요.

제5장 수학과 기술

주판

주판을 처음 덧셈과 뺄셈을 가르칠 때 쓰는 장난감 정도로 생각하는 사람들도 많아요. 하지만 주판은 인류 역사에서 아주 중요한 계산 도구였으며, 일부 지역에서는 여전히 주판으로 계산을 해요. 또 시각 장애인들도 주판으로 계산을 하지요.

조약돌과 석판으로 된 주판

지금의 주판은 막대에 달려 이리저리 움직이는 주판알로 되어 있어요. 하지만 처음에 쓰이던 주판은 지금과는 전혀 달랐지요. 지금 남아 있는 가장 오래된 주판은 기원전 300년경에 만들어진 것으로, 가로줄이 표시된 대리석 석판이에요. 조약돌을 가로줄 이리저리로 옮기며 계산을 했지요.

> 중국에서 쓰는 주판은 주판알이 7개씩 달린 세로 막대들로 이루어져 있는데, 중간이 막혀 있어 주판알이 위쪽 2개와 아래쪽 5개로 나뉘어요.

> 위쪽 주판알 하나가 5의 값을 나타내요.

> 아래쪽 주판알 하나가 1의 값을 나타내요.

> 이 주판으로 6을 쓰려면 5를 나타내는 위쪽 주판알을 하나 내리고 1을 나타내는 아래쪽 주판알을 하나 올려요.

수학 탐구
주판의 형태

주판 이름	형태
로마 주판	작은 조약돌을 세로 막대를 따라 위아래로 움직여요.
학습용 주판	플라스틱이나 나무 구슬을 가로 막대에 꿰 옆으로 움직여요.
중국 주판	주판알이 2개 달린 위쪽과 5개 달린 아래쪽으로 나뉘어요.
일본 주판	주판알이 1개 달린 위쪽과 4개 달린 아래쪽으로 나뉘어요.

알고 있나요? '이진법 주판'은 이진법 체계의 0과 1을 나타내는 주판알로 이루어져 있어요. 컴퓨터를 가르칠 때 주로 쓰이지요.

일본 주판

일본 주판은 중국 주판과 비슷해 보이는데, 중국 주판이 변형된 형태이기 때문이에요. 일본에서는 여전히 주판이 널리 쓰이고, 해마다 주산 대회를 열어 주판으로 가장 빠르게 계산하는 학생을 뽑지요.

위쪽 주판알 1개가 5를 나타내요.

아래쪽 주판알 1개가 1을 나타내요.

크래머 주판은 시각 장애인들이 쓰는 주판이에요. 주판알 뒤에 부드러운 천이나 고무가 놓여 있어 주판알이 마음대로 움직이지 못하게 막지요.

컴퓨터

1837년에 영국의 수학자 찰스 배비지는 '해석 기관'으로 불리는 일반용 계산기를 처음으로 설계했어요. 또 수학자 에이다 러브레이스는 배비지가 만든 기계에서 쓸 수 있는 프로그램을 만들었지요. 배비지와 러브레이스는 해석 기관을 실제로 만들지는 못했지만 두 사람의 아이디어는 세상을 변화시킨 위대한 발명품인 컴퓨터의 기초가 되었어요.

마이크로 칩

최초의 컴퓨터는 그 크기가 방을 꽉 채울 정도로 컸어요. 1950년대에 마이크로 칩이 발명되면서 컴퓨터는 크기가 줄어들면서도 처리 능력은 오히려 커졌지요. 1970년대에는 가정용 컴퓨터가 등장했고, 컴퓨터는 그 뒤로 놀랍도록 빠르게 발전해 왔어요. 이제 우리는 예전에는 상상도 하지 못한 첨단 장비에 둘러싸여 살아가고 있지요.

1970년대와 1980년대에 마이크로 칩이 발전하면서 가정용 컴퓨터가 등장했어요. 마이크로 칩은 전자 회로가 달린 작은 실리콘 조각으로, 인류 역사에서 가장 중요한 발명품 가운데 하나로 꼽혀요.

미국은 제2차 세계 대전 중에 최초의 전자 컴퓨터인 에니악을 만들어 냈어요. 에니악이 새로운 문제를 풀 때마다 컴퓨터의 전선을 이리저리 바꿔 끼워야 했는데, 그 일에만 며칠이 걸렸지요.

초기의 개인용 컴퓨터는 사용자가 조립을 스스로 해야 하는 부품 세트로 판매됐어요. 1970년대 말에 조립된 컴퓨터가 나오면서 컴퓨터를 사려는 사람들이 많아졌지요.

위대한 수학자
찰스 배비지
(1791년~1871년)

영국의 수학자이자 발명가인 찰스 배비지는 1820년대 말에 '차분 기관'이라는 계산기를 만들어 냈어요. 뒤이어 '해석 기관'을 설계했지요. 천공 카드로 작업 명령을 받게 설계된 해석 기관은 지금 우리가 쓰는 컴퓨터의 조상으로 불려요.

천공 카드

초기 컴퓨터에 정보를 입력하려면 천공 카드라는 종이를 써야 했어요. 천공 카드는 특별한 기계로 구멍을 뚫어 숫자, 글자, 기호 같은 정보를 새긴 빳빳한 종이로, 정보를 검색하거나 분류하거나 모으는 데 꼭 필요했지요.

천공 카드에 구멍을 뚫어 정보를 새겨요. 구멍이 뚫린 천공 카드를 컴퓨터에 연결된 판독기에 넣으면 컴퓨터는 구멍의 배열을 읽어 정보로 바꾸지요.

가정용 컴퓨터는 처음에는 문서 작성과 금전 관리처럼 단순한 일에 쓰였어요. 그러다 비디오 게임으로 큰 인기를 얻었지요.

컴퓨터의 처리 능력이 2년마다 2배로 향상된다는 원리는 공학자인 고든 무어의 이름을 따서 '무어의 법칙'이라고 이름 붙여졌어요.

알고 있나요? 초기 가정용 컴퓨터로 인기가 많았던 애플 II는 1977년에 지금의 5,500달러(약 700만 원)에 달하는 1,298달러(약 160만 원)에 팔렸어요.

바코드

우리가 사는 물건들을 자세히 들여다보면 세로 줄무늬와 숫자로 된 작은 직사각형이 인쇄되어 있는 걸 볼 수 있어요. 이것을 바코드라고 하는데, 우리가 당연하게 여기고 무심코 지나치는 바코드는 우리 일상생활 곳곳에 스며들어 있는 수학이에요. 바코드는 저마다 고유한 수를 지니며 스캐너라는 기계로 읽을 수 있지요.

바코드를 사용하면 숫자를 직접 읽을 때보다 실수가 줄어들어요. 숫자를 직접 읽으면 헷갈리기도 하니까요.

대기 줄 줄이기

1949년에 미국의 발명가 조 우드랜드는 슈퍼마켓에서 계산을 기다리는 손님들의 대기 줄을 줄이려면 계산을 빠르게 하는 방법을 찾아야 한다는 슈퍼마켓 관리자의 하소연을 듣고는 바코드를 생각해 냈어요. 하지만 바코드는 1974년이 돼서야 상점에서 쓰이게 됐지요.

왼쪽 기준선 · 오른쪽 기준선 · 국가 식별 코드 · 검사 숫자 · 제조 업체 코드 · 중앙선 · 상품 코드

수학 탐구
바코드 숫자

암호

사람들은 아주 오랫동안 수학으로 암호를 만들어 비밀을 지켜 왔어요. 문자의 순서를 일정한 방식으로 바꿔 적은 글도 수학을 이용한 암호라고 볼 수 있지요. 예를 들어 '수학'이라는 단어에서 자음 ㅅ, ㅎ, ㄱ을 바로 다음 순서 자음인 ㅇ, ㄱ, ㄴ으로 각각 바꾸면 '우간'이 돼요. 자음을 바꾼다는 규칙을 모르면 누구도 뜻을 알 수 없는 암호가 되는 셈이에요.

암호 해독

특정 문자 대신 숫자, 부호, 다른 문자를 넣어 암호를 쉽게 만들 수도 있어요. 하지만 쉽게 만든 암호는 그만큼 쉽게 해독될 수 있지요. 암호에 가장 많이 쓰인 문자는 그 언어에서 가장 많이 쓰이는 문자를 나타내는 암호일 가능성이 커요. 만약 영어로 된 암호문에 H가 가장 많다면 영어에서 가장 많이 쓰이는 알파벳인 E를 대신하는 암호일 가능성이 커요. 이때 암호를 해독하는 사람들은 가장 먼저 암호문의 H를 E로 바꿔 보겠지요.

수학이 사람들의 생명을 구할 수 있을까요? 수학자들이 에니그마 암호를 해독한 덕분에 제2차 세계 대전이 조금 더 빨리 끝났는지도 몰라요.

제2차 세계 대전에서 독일군은 '에니그마 기계'를 이용해 암호문을 만들었어요. 암호문마다 해독법이 수백만 개는 되었고, 암호 기계의 설정도 매일 밤 바뀌었기 때문에 에니그마 암호는 해독이 불가능한 것처럼 보였지요.

위대한 수학자
앨런 튜링
(1912년~1954년)

영국의 수학자 앨런 튜링은 제2차 세계 대전 중에 블렛츨리 공원에서 독일군의 군사 기밀 암호를 해독해 전쟁을 끝내는 데 커다란 역할을 했어요. 하지만 이런 사실은 전쟁이 끝난 뒤로도 오랫동안 비밀로 남아 있었지요. 튜링은 컴퓨터 과학과 인공 지능이 발전하는 데도 큰 영향을 주었어요.

알고 있나요? 미국 중앙 정보국(CIA) 본부 밖에 설치된 크립토스라는 조형물에는 암호문이 4가지 새겨져 있어요. 그 가운데 1개는 여전히 해독이 안 된 채로 남아 있지요.

핵 암호

우리가 알게 되는 순간 인류의 삶이 위험해지는 암호도 있어요. 미국 대통령은 '골드 코드'라는 암호가 적힌 카드를 가지고 있는데, 이 암호를 눌러 전 세계 도시를 파괴할 수 있는 핵미사일을 발사할 수 있지요.

미국 대통령은 매일 가짜 암호들과 진짜 암호가 적힌 카드를 받아요. 카드에 있는 암호의 위치로 진짜 암호를 구분할 수 있지요.

제2차 세계 대전에서 싸운 연합국의 수학자들은 독일군의 암호문을 해독해 독일이 언제 영국과 다른 나라들을 공격할지 알아내려고 했어요.

고대 로마의 정치가 카이사르는 알파벳 문자를 3개씩 건너뛰어 적었다고 해요. APPLE을 DSSOH라고 적는 거예요. 알파벳 문자를 정해 둔 수만큼 옮겨서 다른 문자로 바꿔 적는 암호를 '시저 암호'라고 해요.

앨런 튜링은 '봄브'라는 기계를 만들었어요. 확률을 이용해 가능성이 없는 암호 해독 방식 수백만 가지를 없애는 기계였지요. 수학자들은 그렇게 없애고 남은 방식으로 암호를 해독해 나갔어요.

보안

온라인이 우리 생활의 많은 부분을 차지하게 되면서 온라인 범죄도 빈번하게 일어나요. 온라인에서 범죄를 일으키는 사이버 범죄자들은 보안이 약한 웹사이트를 뚫어 비밀번호, 전화번호, 신용 카드 정보 같은 개인 정보를 훔치려고 하지요. 사이버 범죄로 인한 피해는 전 세계적으로 엄청나며 해마다 점점 커지고 있어요.

> 암호화는 정보를 지키고 사이버 범죄를 막는 데 쓰여요. 정보와 '암호 키'를 뒤죽박죽 섞는 알고리즘을 이용해 누가 정보를 받든 해독할 수 없게 하지요.

해킹과 피싱

사이버 범죄자들은 해킹과 피싱으로 보안을 뚫고 범죄를 저질러요. 해킹은 비밀번호를 알아낼 때까지 수백 번, 수천 번이고 시도하는 방법으로 다른 사람이 쉽게 알아서는 안 되는 개인 정보를 캐내요. 피싱은 믿을 만한 사람인 것처럼 접근해 사람들에게 개인 정보나 돈을 넘겨받지요. 피싱 범죄자는 은행인 척 이메일이나 문자를 보내 사람들이 개인 정보를 입력하게 만들기도 해요.

비밀번호

숫자로 만든 비밀번호는 자전거에서부터 현금 카드에 이르기까지 어디에나 쓰여요. 4자리로 된 숫자는 1만 가지나 되기 때문에 범죄자가 비밀번호를 찾으려면 엄청난 시간이 걸리겠지요.

1234나 1111 같은 숫자를 비밀번호로 쓰면 안 돼요. 또 생일처럼 알아내기 쉬운 숫자도 피해야 하지요. 아는 사람이 별로 없는 색다른 기념일이나 숫자를 비밀번호로 쓰면 어떨까요?

알고 있나요? 좋아하는 스포츠 팀이나 선수와 관련된 번호를 비밀번호로 쓰기도 해요. 하지만 해커가 찾아내기 너무 쉬운 번호는 피하세요!

교통

인구가 많아지고 도로가 복잡해지면서 교통을 통제하는 일도 그만큼 어려워졌어요. 하지만 수학을 이용하면 교통을 원활하게 통제할 수 있지요. 수학 모형으로 대중교통 시간표를 조정하거나 교통 신호 체계를 바꾸거나 새로운 도로를 만들어 교통 흐름을 조정하지요.

스마트 고속 도로

교통 상황을 조사해 보면 때로 놀라운 사실을 발견하기도 해요. 제한 속도를 낮추면 오히려 교통 혼잡이 줄어들고 교통 흐름이 원활해져 목적지에 더 빨리 도착할 수 있다고 밝혀진 것처럼요. 그래서 필요에 따라 제한 속도를 조정해 교통의 흐름을 원활하게 만드는 전광판이 설치된 '스마트 고속 도로'가 만들어진 곳도 있어요.

버스가 오기만을 기다렸는데 2대가 한꺼번에 오더라며 불만을 터뜨리는 사람들이 있어요. 하지만 버스 운전기사가 승객을 괴롭히려고 일부러 그런 것은 아닐 거예요. 사실 여기에는 수학적으로 타당한 이유가 있거든요.

버스 2대가 똑같은 노선을 운행한다고 생각해 보세요. 앞서가는 버스가 예정 시간보다 늦어지거나 정류장에서 많은 승객을 태우거나 내려 줘야 한다면 뒤따라오는 버스에게 따라잡힐 거예요.

첫 번째 버스가 도로가 막혀 예정 시간보다 늦게 정류장에 도착하면 그사이 더 많은 승객이 모여들어 있을 거예요. 그러면 그 승객들을 태우는 데 더 많은 시간이 걸리지요. 그사이 두 번째 버스는 첫 번째 버스와 간격이 줄어들기 때문에 정류장마다 태우는 승객 수가 적어져요. 그러다 보면 두 버스는 결국 배차 간격이 없어져 동시에 다니게 되겠지요.

수학 탐구

출퇴근 시간에 대기하는 차량

시간	신호등 앞에 대기하는 차량의 수	파란불에 지나가는 차량의 수	신호등 앞에서 대기하는 차량의 수
8:00	9	9	0
8:01	10	10	0
8:02	11	10	1
8:03	12	10	3
8:04	13	10	6

알고 있나요? 2019년에 이루어진 연구에 따르면 영국 운전자 1명이 교통 체증 때문에 꼼짝도 못 한 채 도로에서 보내는 시간이 일생 동안 평균 8개월이라고 해요.

도로 위에 설치해 둔 단속 카메라가 지나가는 차량의 속도를 재요. 자동차가 제한 속도보다 빨리 달리면 자동차의 번호판 사진이 자동으로 찍히고, 자동차 소유주는 벌금을 받게 되지요.

교통 흐름을 수학 모형으로 만들어 교통 문제를 해결할 수 있어요. 이때 버스 승객이 정류장에서 버스를 기다리는 시간 같은 요소들을 모두 고려해야 하지요.

횡단보도

횡단보도에서 신호등 버튼을 쓰는 것이 실제로 도움이 될까요? 언제나 그렇지는 않아요. 사람이 많지 않은 곳에서는 신호등 버튼을 눌러 횡단보도를 건너는 것이 좋아요. 하지만 차가 많고 복잡한 도심에서는 신호가 주기적으로 바뀌는 신호등이 이미 설치되어 있기 때문에 버튼을 눌러 봐야 아무 소용이 없지요.

교통 흐름을 원활하게 유지하기 위해 횡단보도 신호가 작동하는 방식을 바꿀 수도 있어요.

건축과 디자인

건축과 디자인에도 언제나 수학이 쓰여요. 기원전 1세기, 고대 로마의 건축가 비트루비우스는 건축에는 대칭성과 완벽한 비례가 있어야 한다고 강조했어요. 그런 생각은 14세기와 15세기에 다시 한번 서양 건축물에 영향을 주었는데, 고대 로마 시대와 중세 시대에 대칭형이면서 비례가 아름다운 건축물을 지을 수 있었던 건 수학 덕분이었지요. 이뿐만이 아니에요. 수학은 이슬람 건축의 모자이크 문양처럼 건물을 꾸미는 방식에도 큰 영향을 끼쳤어요.

컴퓨터를 이용한 디자인

건축가와 공학자 들은 컴퓨터로 고층 건물과 긴 다리, 거대한 쇼핑몰을 디자인하고 설계해요. 이때 수학을 이용해 튼튼한 구조와 가장 적당한 자재를 골라 에너지 효율이 높고 아름다운 건물을 짓지요.

> 측지선 돔은 멀리서 보면 구처럼 보이지만 실제로는 삼각형으로 이루어져 있어요. 이 구조는 튼튼한 데다 다른 건축물보다 훨씬 적은 양의 자재로 지을 수 있지요.

> 삼각형은 튼튼한 구조예요. 돔을 삼각형으로 만든 덕분에 바람과 눈은 물론 지진도 견뎌 낼 수 있어요.

아치형

활과 같은 곡선 형태인 아치형은 건축에서 아주 오래전부터 이용되어 왔어요. 무게를 잘 견디는 견고한 형태의 구조물이기 때문에 출입구, 창, 다리 같은 구조에 흔히 쓰이지요.

프랑스에 남아 있는 고대 로마 시대의 수도교는 지은 지 2,000년 가까이 지난 지금도 튼튼해요.

> 측지선은 곡면 위에 있는 임의의 두 점을 잇는 가장 짧은 선을 뜻해요.

알고 있나요? 1975년부터 2010년까지 남극에 있었던 측지선 돔은 과학 탐구 기지로 쓰였어요.

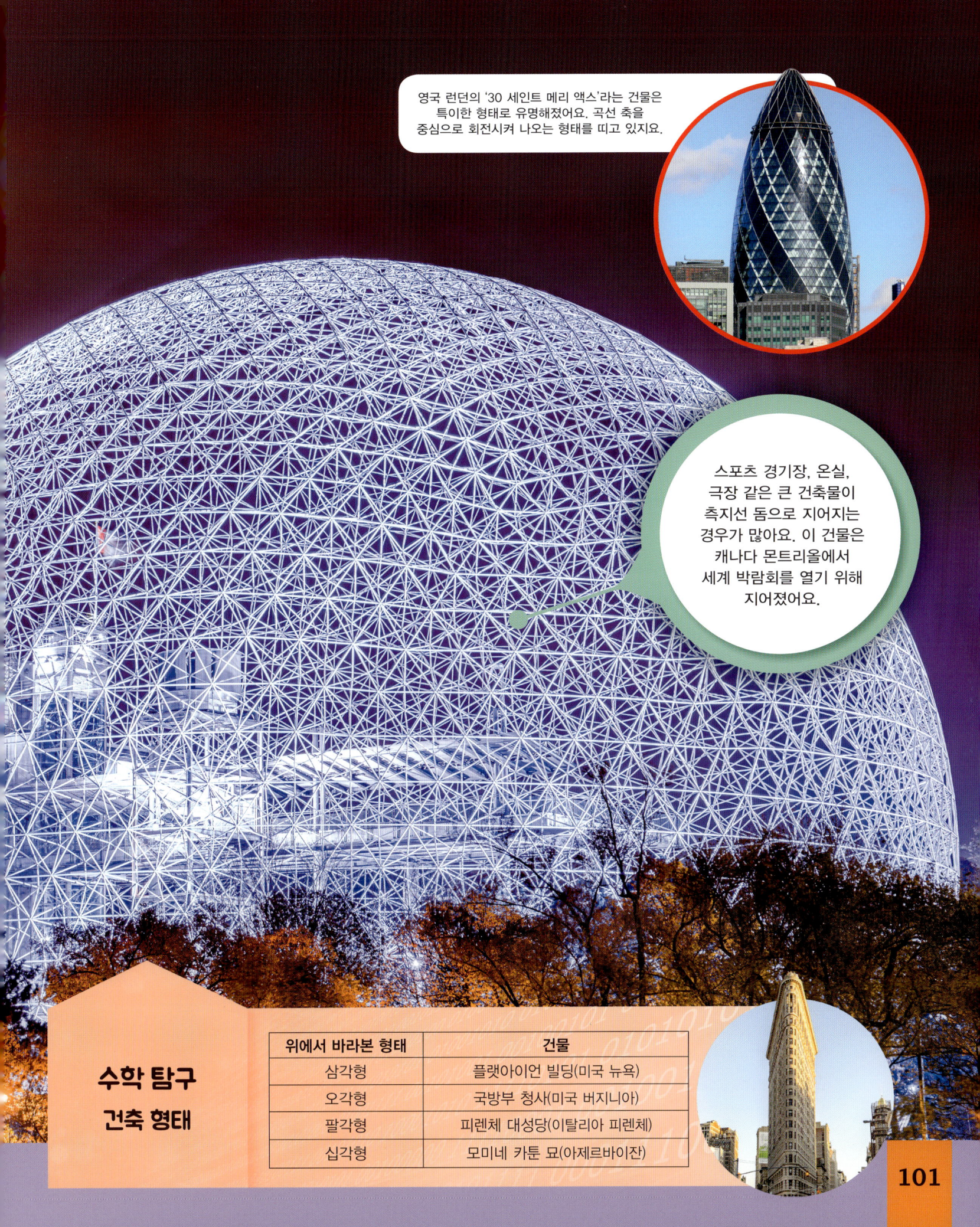

영국 런던의 '30 세인트 메리 액스'라는 건물은 특이한 형태로 유명해졌어요. 곡선 축을 중심으로 회전시켜 나오는 형태를 띠고 있지요.

스포츠 경기장, 온실, 극장 같은 큰 건축물이 측지선 돔으로 지어지는 경우가 많아요. 이 건물은 캐나다 몬트리올에서 세계 박람회를 열기 위해 지어졌어요.

수학 탐구
건축 형태

위에서 바라본 형태	건물
삼각형	플랫아이언 빌딩 (미국 뉴욕)
오각형	국방부 청사 (미국 버지니아)
팔각형	피렌체 대성당 (이탈리아 피렌체)
십각형	모미네 카툰 묘 (아제르바이잔)

알고리즘

알고리즘은 문제를 해결하기 위해 내리는 단계별 지시를 말해요. 컴퓨터에 주로 이용되기 때문에 알고리즘 하면 우선 과학 기술이 떠오를 거예요. 하지만 알고리즘은 결과를 얻기 위해 따라야 하는 간단한 단계들을 모두 말하기 때문에 케이크를 만드는 방법이나 상점으로 가는 길처럼 일상생활에서 이용되는 규칙도 모두 알고리즘이에요.

덧셈 알고리즘

연산은 간단한 지시어 몇 가지로 나타낼 수 있어요. 두 자릿수끼리 덧셈을 하려면 다음과 같은 알고리즘을 따르지요. 1단계, 십의 자릿수끼리 더해요. 2단계, 일의 자릿수끼리 더해요. 3단계, 1단계와 2단계에서 얻은 결과를 더해요. 따라서 42와 83을 더한다면 다음과 같은 지시를 따르면 돼요.

1단계 : 40+80=120
2단계 : 2+3=5
3단계 : 120+5=125

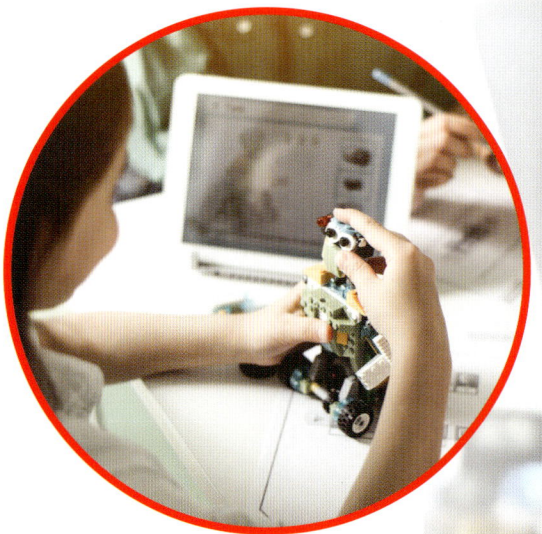

조립식 완구에 들어 있는 설명서에 따라 완구를 조립하는 것도 알고리즘이에요. 조립 과정이 단계별로 나눠져 있기 때문에 제대로 작업하고 있는지를 확인하며 조립할 수 있지요.

로봇 장난감을 이용해 알고리즘을 배우기도 해요. 사용자는 단계별로 지시 사항을 계획하고 입력해 단순한 일을 하는 로봇을 만들지요.

위대한 수학자
에이다 러브레이스
(1815년~1852년)

영국의 수학자인 에이다 러브레이스는 찰스 배비지가 설계한 해석 기관이 연속적으로 수를 만들어 내도록 알고리즘을 만들었어요. 그래서 세계 최초의 컴퓨터 프로그래머가 되었지요. 알고리즘은 러브레이스가 살아 있는 동안에는 주목받지 못했지만 이제는 모두가 알고리즘이 얼마나 중요한지 알고 있어요.

알고 있나요? 기원전 1800년에서 1600년 사이에 고대 바빌로니아에 남겨진 점토판에서도 알고리즘을 찾아볼 수 있어요.

순서도

알고리즘은 지시 사항의 순서와 단계를 기호와 도형으로 보여 주는 순서도로 나타낼 수 있어요.

- 시작 — 순서도의 시작과 끝을 나타내는 도형 기호예요.
- 칫솔에 치약을 짠다. — 지시나 명령을 나타내는 도형 기호예요.
- 이를 닦는다.
- 양치가 끝났나? — '예' 또는 '아니오'로 답할 수 있는 질문을 나타내는 도형 기호예요.
- 아니오 / 예
- 칫솔을 헹군다. — 기호를 연결하는 화살표가 알고리즘의 방향을 보여 줘요.
- 칫솔을 제자리에 둔다.
- 끝!

알고리즘은 컴퓨터 프로그램의 핵심이에요. 이런 장난감으로 노는 것도 유용한 기술을 발전시키는 데 도움이 되지요.

알고리즘이 제대로 작동하면 엄청난 경제적 효과를 가져와요. 구글이 가장 큰 검색 엔진이 된 이유 가운데 하나는 검색어에 가장 알맞은 웹사이트를 찾아 주는 알고리즘 덕분이지요.

알고리즘은 기계가 사람의 조작 없이도 스스로 작동하게 하는 자동화 기술을 발전시키는 데 중요해요.

103

우주여행

인류는 20세기 후반에 처음으로 지구 밖 우주여행에 나섰어요. 1957년에 인공위성 스푸트니크 1호가 발사됐고, 1961년에 유리 가가린이 인류 최초로 우주선을 타고 지구를 한 바퀴 돌았지요. 이런 중대한 사건들이 일어나면서 소련과 미국은 '우주 경쟁'을 벌이기도 했어요. 수학은 우주선을 설계하고 만들 때, 궤도를 계획할 때 없어서는 안 될 분야이지요.

천체 역학

천체 역학은 우주 공간에 있는 천체의 움직임을 연구하는 분야예요. 17세기에 아이작 뉴턴이 처음으로 주장한 법칙을 따르는데, 뉴턴이 남긴 업적은 300년이 지나 인류를 우주로 보내는 데도 쓰였지요. 아폴로 8호가 임무를 수행하는 동안 우주 비행사 빌 앤더스는 '아마 아이작 뉴턴이 우주선을 운전하고 있을 거야.'라는 말을 남겼어요.

> 미국 항공 우주국은 1961년부터 1972년까지 '아폴로 계획'이라는 이름으로 우주선을 쏘아 올렸어요.

1977년, 미국 항공 우주국은 중력의 도움을 받아 우주 탐사선 보이저호를 발사했어요.

중력과 우주선

기발한 방식의 우주 비행이 수학적 계산으로 이루어지기도 해요. 우주선이 행성이나 달의 중력을 이용해 속도를 높이거나 낮추고 방향을 바꿀 수도 있게 계산하는 거예요. 이것을 '중력 도움 항법'이라고 해요.

위대한 수학자

캐서린 존슨 (1918년~2020년)

수학자 캐서린 존슨은 미국 항공 우주국에서 일하며 수많은 우주선의 비행경로를 계산했어요. 1960년대 초에는 미국 항공 우주국이 최초로 발사한 유인 우주선의 비행경로를 계산했고, 1969년에는 아폴로 11호가 성공적으로 우주에 날아갈 수 있게 도왔지요.

네트워크

우리는 이제 일상생활에서 언제나 네트워크에 연결되어 있어요.
인터넷은 전화기나 컴퓨터 같은 물리적 장치를 연결하는 네트워크예요.
또 우리는 사회적 네트워크로 가족, 친구와 연결되어 있지요.
버스나 열차 노선 같은 운송 네트워크는 물리적인 장소를 연결해요.

교점과 변

네트워크의 종류와 방식은 다양하지만 수학자들은 이 모든 네트워크를 단순하게 표현해요. 이때 서로 연결된 점은 '교점', 교점 사이는 '변', 하나의 교점에서 만나는 변의 개수를 '차수'라고 하지요. 이 요소들 사이의 관계를 밝히는 수학 분야가 '그래프 이론'이에요.

스위스의 수학자 레온하르트 오일러가 한 수학 수수께끼에 대한 해법을 찾았어요. 그 해법이 네트워크를 바라보는 새로운 관점을 만들어 냈지요.

예전에는 프로이센의 쾨니히스베르크로 알려졌던 러시아의 칼리닌그라드에는 다리 7개가 놓여 있었어요. 이 다리는 프레겔강 한가운데에 있는 섬 2개와 연결되어 있었지요. 이곳 사람들은 모든 다리를 딱 한 번씩만 건너 다리로 연결된 모든 곳을 지나갈 수 있는지 궁금해했어요.

오일러 경로

다리 7개의 문제는 그림으로 간단히 나타낼 수 있어요. 이때 거리와 형태는 이 문제와 아무런 관계가 없지요. 중요한 것은 교점의 개수와 교점을 연결하는 변의 개수예요.

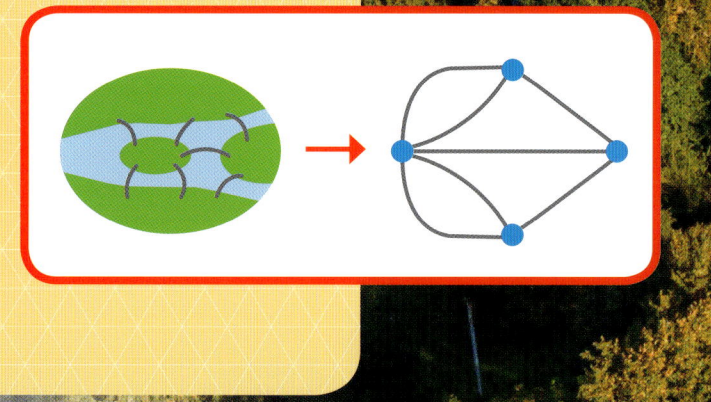

모든 변을 딱 한 번 지나면서 모든 교점을 거치는 경로를 '오일러 경로'라고 해요.

알고 있나요? 오일러는 어떤 주장이 옳다고 증명하는 대신 그 주장의 반대가 옳지 않다고 증명했어요. 이렇게 해서 처음 주장이 옳다고 증명하는 방법이 '귀류법'이에요.

제6장 생활 속의 수학
퍼즐과 게임

수학이 언제나 공부나 연구 또는 학문으로 이어지지는 않아요.
수학으로 그저 재미있는 퍼즐과 게임을 즐길 수도 있지요.
오락용 수학은 플라스틱 장난감에서부터 신문에 실린 스도쿠까지
무척 다양해요. 그 가운데에는 수학이 너무 싫다고 말하는 사람들이
좋아하는 놀이도 많지요.

모든 게 수학!

수학에 기반을 둔 퍼즐이 입소문을 타고 세계적으로 유행하기도 해요. 1980년대에는 루빅큐브가 2억 개나 팔렸고, 일본에서 유행하기 시작한 스도쿠 퍼즐은 2000년대 초에 전 세계로 퍼져 나가 몇몇 나라에서는 스도쿠 대회가 열리기도 하지요. 지금도 풀기 어려운 수학 퍼즐이 인터넷으로 빠르게 퍼져 나가 조회 수가 수백만 번에 이르기도 해요.

> 스도쿠는 마방진이라는 숫자 퍼즐에서 시작되었어요. 몇몇 칸이 비어 있는 마방진에 알맞은 수를 찾아 넣는 퍼즐이지요.

스페인 바르셀로나의 한 교회에서 발견된 이 마방진은 가로, 세로, 대각선에 적힌 숫자의 합이 언제나 33이에요.

마방진

마방진은 정사각형 모양으로 나열된 자연수들로, 가로, 세로, 대각선에 적힌 수의 합이 같아요. 마방진은 아주 오래전 고대 중국에서 시작되었고, 인도, 유럽, 중동의 오래된 수학 문서에서도 찾아볼 수 있어요. 마방진은 알브레히트 뒤러가 1514년에 만든 판화 〈멜랑콜리아 Ⅰ〉 같은 유명한 예술 작품에도 등장하지요.

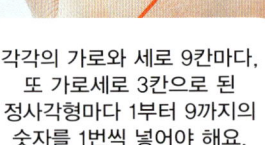

각각의 가로와 세로 9칸마다, 또 가로세로 3칸으로 된 정사각형마다 1부터 9까지의 숫자를 1번씩 넣어야 해요.

알고 있나요? 2018년에 세계에서 가장 크고 복잡한 스도쿠가 만들어졌어요. 이 스도쿠는 모두 280칸으로 이루어져 있지요.

위대한 수학자
루이스 캐럴
(1832년~1898년)

루이스 캐럴이라는 이름으로 글을 썼던 찰스 럿위지 도즈슨은 영국의 수학자이자 작가예요. 기하학과 대수를 연구했을 뿐 아니라 퍼즐 수백 개를 만들어 냈고, 수리 논리학의 원리를 설명하는 데 쓰이는 '논리 게임'이란 보드게임도 생각해 냈지요. 《이상한 나라의 앨리스》를 쓴 작가로도 널리 알려져 있어요.

스도쿠에서는 주어진 숫자들을 근거로 빈칸에 알맞은 수를 찾아야 해요. 빈칸을 채울 때마다 가로줄과 세로줄, 3x3 정사각형을 모두 살펴야 하지요. 스도쿠는 난이도도 무척 다양해요.

스도쿠의 빈칸을 채우려면 숫자가 최소한 17개는 주어져야 해요.

완벽한 정육면체를 만들려면 블록이 몇 개 필요할까요? 이 퍼즐은 온라인에서 수백만 번이나 공유됐어요. 여러분도 한번 도전해 보세요.

정답 : 블록 25개가 필요해요. 블록 30개면 완벽한 육면체 모양이 되지만 채울 수 있는 정육면체가 단 한 가지뿐이지요!

음악

수학과 음악은 전혀 다른 세계로 보여요. 수학은 합리적이고 과학적인 데 비해 음악은 예술적이고 창의적이지요. 하지만 수학과 음악은 서로 깊이 관련되어 있어요. 많은 고전 음악가와 현대 음악가 들이 수학을 기초로, 그리고 수학에 영감을 받아 마음을 움직이는 음악을 만들어 냈지요.

피타고라스와 음악

고대 그리스의 철학자이자 수학자 피타고라스는 처음으로 수학과 음악의 관계를 생각해 낸 사람 가운데 하나예요. 악기 현의 길이를 반으로 줄이면 음조는 그대로지만 한 옥타브 높은 음을 내고, 현의 길이를 2배로 늘리면 한 옥타브 낮은 음을 낸다는 사실을 밝혔지요.

기타 현을 튕기면 현이 떨리면서 소리의 파장이 공기 중으로 퍼져 나가요.

음마다 파장이 서로 달라요.

알고 있나요? 피타고라스와 그의 제자들은 행성이 움직이면서 소리를 낸다고 생각했어요. 인간은 들을 수 없는 이 소리를 '천체의 음악'이라고 했지요.

춤

춤도 수학과 밀접하게 관계되어 있어요. 왈츠, 폴카, 삼바 같은 춤의 리듬에서 다양한 수학적 비율을 찾아볼 수 있지요. 게다가 많은 춤이 반사 대칭과 회전 대칭으로 이루어져요.

왈츠는 4분의 3박자 음악에 추는 춤이에요. 그래서 왈츠를 배울 때면 하나, 둘, 셋을 반복해서 세지요.

컴퓨터 소프트웨어를 이용해 노래를 멋지게 부를 수 있어요. 1990년대에 개발된 오토튠은 복잡한 수학적 계산으로 음정을 맞춰 주지요. 오토튠은 이제 대중음악에서 널리 쓰이고 있어요.

듣기 좋은 음들은 파장의 비율이 단순해요. 한 옥타브 차이가 나는 음 2가지를 비교해 보면 파장의 길이가 정확히 절반이지요. 이런 음들을 '화음'이 좋다고 말해요.

파장이 1.5배 차이인 음들도 잘 어우러져 화음이 좋은 소리를 내요. 화음이 좋지 않은 음들은 파장의 비율이 단순하지 않지요.

수학 탐구
간단한 박자표

기호	이름	사용되는 음악
$\frac{2}{4}$	4분의 2박자	폴카, 행진곡
$\frac{3}{4}$	4분의 3박자	왈츠, 미뉴에트
$\frac{4}{4}$	4분의 4박자	록, 팝

111

찾기

약 250년 전에 발표된 수학 논문이 지금도 의사가 질병을 진단하거나 은행이 돈을 빌려줄 사람을 결정하는 데 영향을 끼치고 있어요. 바로 조건에 따라 바뀌는 확률을 구하는 '베이즈의 정리'예요. 베이즈의 정리는 특히 사라진 것을 찾을 때 유용하게 쓰이지요.

확률 업데이트하기

베이즈의 정리는 상황에 따라 예측을 바꿔 가며 확률을 계산하는 공식이에요. 새로운 정보가 더해지면 베이즈의 정리에 따라 확률도 달라지기 때문에 우리가 어느 부분에 더 관심을 쏟아야 할지 결정할 수 있지요. 베이즈의 정리는 잃어버린 반려동물부터 실종된 항공기에 이르기까지 무엇이든 찾는 데 쓰여요.

누군가 바다에서 실종되면 조수, 바람, 해류뿐 아니라 실종자가 마지막으로 목격된 지점과 실종자가 향하던 목적지 같은 정보를 수집해 실종자가 있을 가능성이 높은 곳을 지도로 만들어 보여 줘요.

베이즈의 정리는 스트리밍 사이트의 자동 추천 기능에도 영향을 주었어요. 우리가 무엇을 보는지에 따라 다음에 무엇을 보고 싶어 할지를 예측해 자동으로 보여 주지요.

위대한 수학자
토머스 베이즈
(1701년~1761년)

영국의 목사이자 수학자인 토머스 베이즈는 베이즈의 정리를 만들어 냈지만 베이즈가 살아 있을 때는 정작 주목받지 못했어요. 베이즈가 왕립 협회에 넘긴 베이즈의 정리 논문은 베이즈가 죽고 나서 얼마 뒤에 인쇄되어 세상에 나왔지요. 베이즈도 자신의 생각이 지금 우리의 삶에 이렇게 큰 영향을 주리라고는 예상하지 못했을 거예요.

알고 있나요? 1968년, 미국은 베이즈의 정리를 이용해서 가라앉은 미국 해군 잠수함 스콜피온호의 잔해를 찾아냈어요.

구조선은 실종자가 있을 가능성이 높은 곳부터 차례대로 수색해요.

메일 정리하기

베이즈의 정리로 받고 싶지 않은 이메일을 받은 편지함에서 제거하는 '스팸 필터'를 만들 수도 있어요. 수신자가 읽은 메일과 삭제한 메일에 대한 정보를 활용해 스팸이 될 가능성이 높은 메일이 무엇인지 골라내지요.

'최저 가격' 같은 단어나 ₩ 같은 기호가 담긴 이메일은 수신자가 받고 싶지 않은 이메일일 가능성이 높아요.

베이즈의 정리를 토대로 한 소프트웨어는 새로운 데이터를 지도에 반영해 지도를 계속 업데이트하고 구조대에게 알려요.

베이즈의 정리로 수색이 성공해 실종자를 구할 확률과 수색에 드는 비용을 계산할 수도 있어요.

113

게임 이론

게임 이론은 거의 모든 상황을 승자와 패자가 있는 게임이나 경쟁으로 바라보고, 상대방을 이겨 가장 좋은 결과를 얻기 위해 어떤 선택을 해야 할지를 전략적으로 찾는 수학 분야예요. 어떤 상황에서 선택이나 결정을 내릴 때 고려해야 하는 여러 사항을 비교해 선택이나 결정에 도움을 주지요. 게임 이론은 약 100년 전쯤에 등장해 수학에서 영향력이 아주 큰 분야로 자리 잡았어요.

'죄수의 딜레마'는 게임 이론에서 가장 널리 알려진 예시예요.

경쟁에서 이기기

'죄수의 딜레마'는 게임 이론을 설명하기 위해 만든 가상의 상황이에요. 하지만 게임 이론은 일상생활에서도 쉽게 찾아볼 수 있지요. 특히 기업이 경쟁 기업의 전략을 예측해 볼 때 게임 이론이 쓸모 있게 쓰여요. 또 광고나 가격 할인 전략을 펼칠지 말지를 결정할 때도 도움이 되지요.

죄수 2명이 강도 혐의로 각각 독방에 갇혔어요. 두 사람은 상대 죄수가 무슨 말을 했는지 모른 채 자백해야 하지요.

1. 두 사람 모두 죄를 자백하면 함께 5년형을 받게 돼요.
2. 두 사람 모두 죄를 자백하지 않으면 각자 1년형을 받게 되지요.
3. 한 사람은 죄를 자백하고 다른 사람은 자백하지 않을 경우 자백한 죄수는 풀려나지만 자백하지 않은 죄수는 20년형을 받아요.

기업이 제품의 가격을 내릴지 결정할 때는 '이득 행렬'을 만들어 보기도 해요. 전략과 그 결과를 비교해 보는 표를 만드는 거예요. 기업이 제품의 가격을 내리고 경쟁 기업은 내리지 않으면 가격을 내린 기업이 더 많이 판매하게 될 거예요. 하지만 경쟁 기업 역시 가격을 내린다면 두 기업의 판매량은 비슷한 반면 이윤은 줄어들게 되지요.

위대한 수학자 존 폰 노이만 (1903년~1957년)

헝가리에서 태어나 미국에서 세상을 떠난 미국의 수학자 존 폰 노이만은 경제학 문제를 풀기 위해 게임 이론을 개발했어요. 노이만은 기하학, 위상 수학, 물리학에도 큰 영향을 끼쳤고, 컴퓨터 기술 분야를 개척하기도 했지요.

두 죄수는 각자가 할 수 있는 선택과 그 결과를 모두 살펴본 뒤에 자백을 할지 말지 정해요. 두 사람 모두에게 가장 좋은 선택은 둘 다 자백하지 않는 거예요.

이득 행렬

아래와 같이 이득 행렬을 만들어 보면 선택지와 가장 좋은 선택이 무엇인지 한눈에 볼 수 있어요.

죄수 A　　　죄수 B

선택 1
자백　　자백
5년형　　5년형

두 죄수 모두 자백한다면 함께 5년형을 받아요.

선택 2
자백　　묵비권
석방　　20년형

죄수 A가 자백하고 죄수 B가 묵비권을 행사하면 죄수 A는 풀려나는 반면 죄수 B는 20년형을 받아요.

선택 3
묵비권　　자백
20년형　　석방

죄수 B가 자백하고 죄수 A가 묵비권을 행사하면 죄수 B는 풀려나는 반면 죄수 A는 20년형을 받아요.

선택 4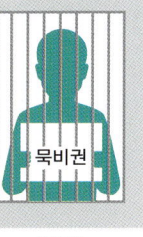
묵비권　　묵비권
1년형　　1년형

두 죄수 모두 묵비권을 행사하면 함께 1년형을 받아요.

알고 있나요? 기업은 가격 협상이나 임금 인상 같은 문제를 해결하는 데도 게임 이론을 활용해요.

예술

수학은 예술 분야에도 큰 영향을 주었어요. 15세기에 원근법이 소개되면서 예술 분야에 커다란 변화가 일어났지요. 그때까지만 해도 그림에 나타난 사물의 크기는 상대적인 거리보다는 중요도 같은 요인에 따라 결정됐거든요. 하지만 원근법이 도입되면서 화가들은 한 시점에서 바라보는 사물과 공간을 실제처럼 표현하게 됐고, 그림에서 사람과 사물을 배치하는 방법도 바뀌었지요.

수학에 영감을 받은 예술

수학은 원근법 이외에도 다양한 예술 사조에 영향을 주었어요. 대칭성과 테셀레이션은 전통적인 이슬람 예술의 특징이에요. 반대로 20세기 초에 일어난 네덜란드의 미술 운동 '데 스틸'은 기하학적 형태를 받아들이면서 대칭성은 피하려 했어요. 또 지금의 컴퓨터 예술은 프랙털에서 영감을 받기도 하지요.

이 풍경을 그대로 그리려면 멀리 있는 사물과 가까이 있는 사물 사이의 원근감을 표현해야 해요. 그때 수평선, 수직선, 소실점 같은 기준이 필요하지요.

삼각형과 오각형으로 이루어진 다면체는 이 판화를 만든 뒤러의 이름을 따서 '뒤러의 다면체'라고 불려요.

이 마방진의 가로, 세로, 대각선에 있는 수의 합은 언제나 34예요. 맨 아래 줄 가운데 숫자 2개는 이 판화가 만들어진 1514년을 나타내요.

〈멜랑콜리아 I〉

독일의 판화가 알브레히트 뒤러가 1514년에 만든 판화 〈멜랑콜리아 I〉에는 다양한 기하학과 수학 이야기가 담겨 있어요. 특히 판화 속 컴퍼스, 구, 특이한 다면체, 마방진이 눈에 띄지요.

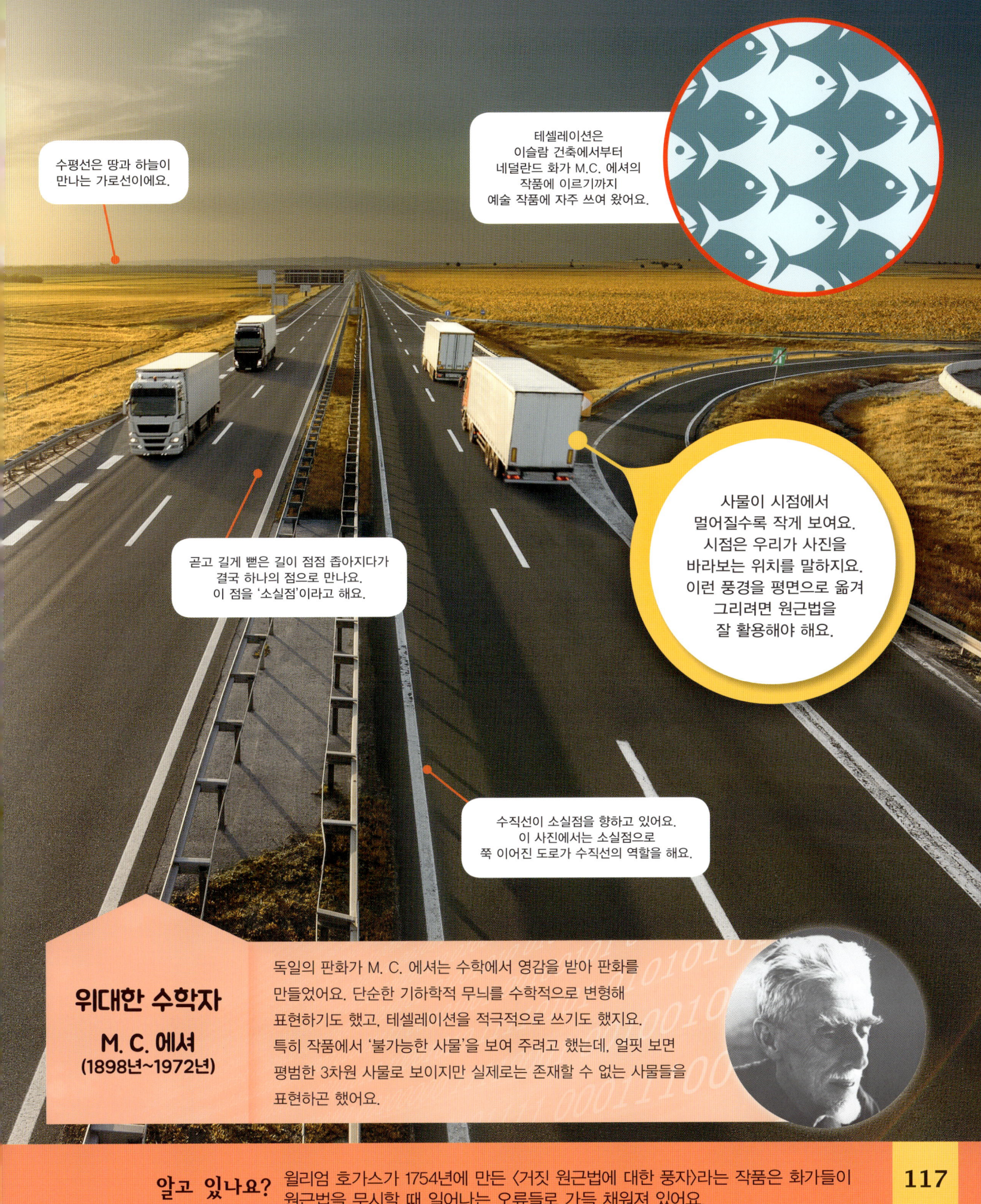

질병

수학은 위기의 시대에도 중요한 역할을 해요. 새로운 유행병이 생겨나면 수학적 모형으로 질병이 퍼지는 확산 속도를 조사하고 마스크 쓰기와 사회적 거리 두기 같은 조치로 얻을 수 있는 예방 효과를 계산하지요. 수학적 모형 덕분에 전 세계 각국은 어떤 예방 조치를 해 나가야 의료 체계가 질병에 대응할 수 있을지 알 수 있어요.

대유행

2020년에 코로나바이러스감염증-19가 대유행하면서 수학이 모든 뉴스의 머리기사를 차지했어요. 감염 상황을 보여 주는 그래프가 매일 발표되었고, '재생산 지수'나 '확산 완화 조치' 같은 말이 일상적인 이야깃거리가 됐지요. 코로나바이러스감염증-19는 1969년의 홍콩 독감과 2009년의 신종 플루에 이어 최근에 전 세계적으로 발생한 대유행 전염병으로, 전 세계 사람들의 일상을 바꾸었고 수많은 사람들이 여전히 대유행 이전의 일상으로 돌아가기 위해 애쓰고 있어요.

'기초 감염 재생산 지수(R0)'는 감염자 1명이 감염시키게 될 평균적인 사람 수를 말해요.

확산 완화 조치

전염병이 발생하면 정부는 질병이 퍼져 나가는 확산 속도를 늦추려고 노력해요. 그래야 환자를 돌볼 의사, 간호사, 병원의 병상을 충분히 확보할 수 있기 때문이에요. 상점과 학교를 잠시 닫는 것도 의료 체계에 부담을 주지 않으려는 '확산 완화 조치' 가운데 하나이지요.

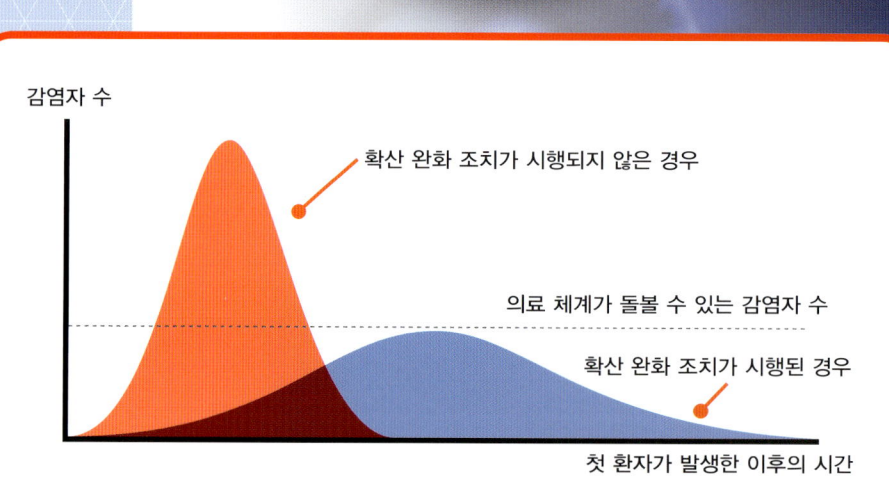

알고 있나요? 홍역은 기초 감염 재생산 지수가 매우 높은 전염병이기 때문에 환자 수가 순식간에 폭발적으로 늘어날 수 있어요.

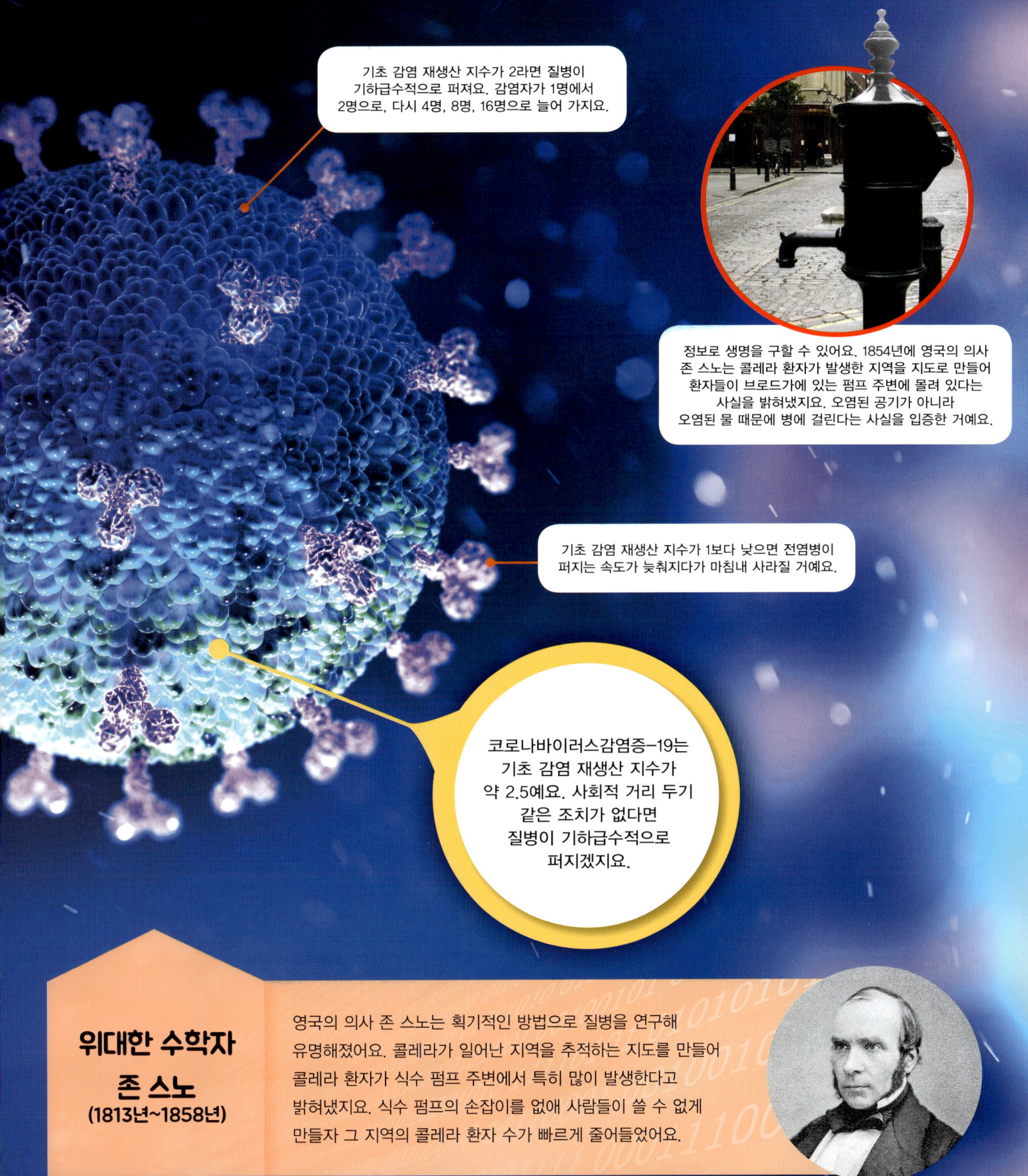

수열

일정한 규칙에 따라 순서대로 늘어놓은 수들을 수열이라고 해요.
'2씩 더하기'나 '앞의 수에 2를 곱하기' 같은 규칙에 따르는 거예요.
수학에는 제곱수인 {1, 4, 9, 16, 25, 36, 49, …}나 세제곱수인
{1, 8, 27, 64, 125, 216, 343, 512, …}처럼 특별하고 중요한 수열도 많지요.

피보나치수열

수학자들이 특별히 큰 관심을 보인 수열은
{0, 1, 1, 2, 3, 5, 8, 13, 21, 34, …}로
나타나는 '피보나치수열'로, 앞의 수 2개를 더해
다음 수가 만들어져요. 0과 1을 더해 1을 얻고,
1과 1을 더해 2를 얻고, 1과 2를 더해 3을
얻는 식으로 수열이 이어지지요. 이 수열이
특별한 이유는 전혀 예상하지 못한 실생활이나
자연에서도 흔히 발견되기 때문이에요.

> 수학자 피보나치는 1202년에 완성한 《산반서》라는 책에 토끼의 번식에 관한 수열 문제를 냈어요.

> 피보나치는 책에서 토끼의 개체 수를 생각해 보라고 말해요. 토끼 1쌍은 매달 새끼를 1쌍 낳을 수 있어요. 이렇게 태어난 토끼는 2달이 지나야 새끼를 낳을 수 있고 죽는 토끼는 없다고 가정하지요. 들판에 토끼 1쌍을 풀어 놓고 1년이 지나면 토끼는 모두 몇 마리가 될까요?

삼각형 수

삼각형 수는 정삼각형 모양으로 점이나 사물을
배열해서 얻는 수열이에요. 이 수열은 {1, 3, 6, 10,
15, 21, 28, 36, 45, …}로 이어지지요.

> 파티에 참석한 모든 사람들이 다른 사람과 한 번씩 악수를 한다면 전부 몇 번이나 악수를 하게 될까요? 파티에 참석한 사람 수에서 1을 뺀 다음 그에 맞는 삼각형 수를 찾아보면 알 수 있어요. 파티에 5명이 있었다면 4번째 삼각형을 찾아보세요. 점 10개가 보이나요? 파티에 참석한 사람들끼리 악수한 횟수는 모두 10번이에요!

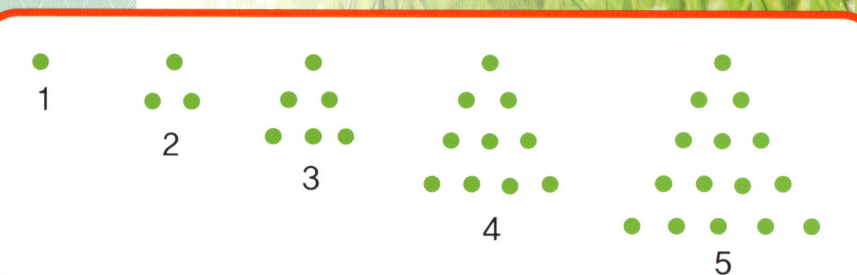

알고 있나요? 11월 23일은 '피보나치의 날'이에요. 피보나치수열을 이루는 첫 숫자 4개인 1, 1, 2, 3으로 이루어진 날이지요.

날씨

슈퍼컴퓨터는 날마다 기상 관측 기구와 기상 위성에서 얻은 기온, 기압, 풍속, 수위 같은 기상 자료를 수학적 모형으로 처리해 날씨를 예측해요. 일기 예보는 많은 사람에게 없어서는 안 될 만큼 필수 정보이기 때문에 일기 예보에 쓰이는 수학 역시 그만큼 중요해요.

백분율

일기 예보는 특정 날씨가 나타날 가능성을 확률로 나타내요. 한 지역의 일기 예보를 보면 비가 올 확률을 백분율로 보여 주지요. 일기 예보는 집을 나설 때 무슨 옷을 입을지 결정하는 데도 도움을 주지만 태풍처럼 위험한 날씨를 미리 알려 많은 생명을 구하기도 해요.

수학은 생명을 앗아갈 만큼 위험한 태풍의 이동 경로를 예측해 태풍이 지나가는 길목에 사는 사람들이 대피할 수 있게 도와요.

복잡한 수학적 모형이 지금의 기상 데이터를 이용해 앞으로의 날씨를 예측해요.

수학 탐구
기상 관측(1973년) 이래 가장 무더웠던 여름

순위	년도	순위	년도
1	2018	6	1997
2	1994	7	2019
3	2016	8	1999, 2012
4	2000, 2021	10	2017

알고 있나요? 일기 예보에 이용되는 슈퍼컴퓨터는 일반적인 개인용 컴퓨터보다 처리 능력이 1만 배나 뛰어나요.

기상 항공기는 때로 태풍을 뚫고 비행하며 태풍에 대한 자료를 수집해요. 또 선박과 위성도 태풍에 대한 자료를 모으지요.

기후 모형은 일기 예보와 비슷하지만 짧은 기간의 날씨보다는 수십 년에 걸친 기후 변화를 추적해요. 1초에 엄청난 계산을 할 수 있는 슈퍼컴퓨터가 지구의 기후를 모형으로 만드는 데 쓰이지요. 덕분에 시간이 지나면서 기후가 어떻게 변하고 있는지, 미래에는 어떻게 될지, 인간의 행동이 기후에 어떤 영향을 주는지 이해할 수 있어요.

기후 데이터

기후 변화를 다루는 수학이 모두 복잡하지는 않아요. 때로는 기상 관측 이래 가장 무더웠던 해를 살펴보고 최근에는 얼마나 무더웠던 해가 많았는지를 확인하는 것만으로도 기후 변화의 양상을 알아볼 수 있지요.

인류는 약 1850년부터 세계 기온을 매해 측정하려고 시도해 왔어요. 그 이후 가장 무더웠던 10번의 해가 모두 이번 세기에 있었지요.

태풍이 지나는 길목에 있는 사람들은 일기 예보 덕분에 재산을 안전하게 지키고 몸을 피할 수 있게 되었어요. 태풍이 사람이 많이 사는 지역을 향한다면 수백만 명이 대피해야 해요.

123

스포츠

수학은 스포츠의 한 축을 이루는 분야이기도 해요. 어떤 스포츠든 경기 기록이 있기 마련이니까요. 어떤 스포츠 기록은 비교적 간단한 데 비해 다른 스포츠 기록은 복잡하기도 해요. 스포츠를 좋아하는 사람이라면 좋아하는 팀과 선수에 대한 기록을 기억하지요. 또 운동선수 뒤에는 수학을 이용해 경기를 분석하고 경기 능력을 높이도록 돕는 사람들이 있어요.

스포츠 분석가는 운동선수의 경기를 모든 면에서 살펴봐요. 선수의 기록을 몇 분의 1초라도 줄일 수 있다면 큰 변화를 만들어 낼 수 있지요.

메달 색깔을 바꾸는 사소한 변화

운동선수들은 아주 사소한 부분도 꼼꼼히 살피며 완벽을 추구해요. 식단부터 장비와 분위기까지 모든 것을 따져 보지요. 다른 모양의 자전거 헬멧을 쓰거나 다른 소재로 만든 수영복을 입는 것처럼 사소해 보이는 변화가 금메달과 은메달을 가르는 결정적인 요인이 되기도 하거든요.

여기 트리플 링을 맞히면 점수 판에 적힌 점수의 3배를 얻어요.

더블 링을 맞히면 점수 판에 적힌 점수의 2배를 얻어요.

다트

암산이 필요한 스포츠와 게임도 있어요. 가장 일반적인 다트 게임은 501점에서 시작해 다트를 던져 맞힐 때마다 득점을 빼 나가요. 마지막 다트가 더블 링을 맞혀 점수가 0이 돼야 하지요.

100미터 경주에서 선수들은 같은 지점에서 출발해 직선으로 된 트랙을 달려요. 이보다 긴 경주에서는 트랙이 곡선으로 휘어지기 때문에 선수들이 각기 다른 위치에서 출발해 달리는 거리가 같게 만들지요.

바람은 육상 기록에 영향을 주는 요인 가운데 하나예요. 강한 바람이 뒤에서 불면 기록을 앞당길 수 있지만 풍속이 초속 2미터가 넘는 바람이 불면 경기 기록이 공식적인 세계 기록으로 등록되지 않아요.

1968년 멕시코시티 올림픽에서 드러난 것처럼 단거리 육상 선수는 높은 고도에서 달리는 게 유리해요. 하지만 1,000미터가 넘는 고도에서 열리는 장거리 육상 경기에서 세계 신기록을 세울 가능성은 거의 없지요.

어떤 운동은 규칙이 무척 복잡해요. 테니스에서는 득점이 포인트, 게임, 세트로 나뉘지요. 1포인트는 15, 2포인트는 30, 3포인트는 40이라고 하며, 4포인트를 얻으면 1게임을 얻어요. 그렇게 6게임을 얻으면 1세트를 이기는데, 대개 3세트나 5세트를 겨루지요.

수학 탐구
득점 규칙

종목	이기는 방식
축구	상대보다 많은 골
골프	가장 낮은 타수
권투	KO승 또는 심판에게 받은 최고 득점
볼링	넘어뜨린 핀의 개수에 따른 최고 득점

알고 있나요? 육상 선수가 출발 신호에 반응하는 데 걸리는 시간을 '반응 시간'이라고 해요. 출발 신호가 울리고 0.1초 이내에 출발하면 규칙을 위반한 부정 출발로 여기지요.

논리

어떤 것이 논리적이지 않다는 얘기를 들은 적이 한 번쯤은 있을 거예요. 그렇다면 논리란 무엇이고 논리와 수학은 무슨 관계가 있을까요? 논리는 사고방식이나 추리가 이치에 맞게 흘러가는 과정을 말해요. 다른 많은 것들처럼 논리도 고대 그리스에서 그 시작점을 찾아볼 수 있어요. 당시에 철학자 아리스토텔레스는 어떤 주장을 표현하거나 판단하는 형식적인 방법으로 논리를 발전시켰지요.

대수학

19세기에 영국의 수학자 조지 불이 대수학의 방식을 논리에 적용하면서 논리가 수학에서 중요한 부분을 차지하게 되었어요. 불은 수학적 주장은 정확하고 간결한 형식으로 써야 타당한지 아닌지 판단하기 쉽다고 말했지요. 불의 연구는 그가 죽은 지 수십 년이 지나 컴퓨터 회로를 발전시키는 데 큰 영향을 주었어요.

인공 지능(AI)은 인간의 지능이 가진 학습, 추리 같은 능력을 모방하는 로봇과 기계 시스템을 말해요.

논리는 기계가 사용할 수 있는 합리적인 사고의 모형이에요. 인공 지능의 목적은 주어진 목표를 이룰 가능성이 가장 높은 방법을 선택하는 거예요.

위대한 수학자
아리스토텔레스
(기원전 384년~ 기원전 322년)

고대 그리스의 철학자 아리스토텔레스는 역사상 가장 중요한 인물 가운데 하나예요. 논리학 외에도 생물학, 식물학, 화학, 물리학, 정치학, 시, 윤리학, 동물학처럼 다양한 분야를 개척했지요. 아리스토텔레스의 사상은 오랫동안 인류에게 큰 영향력을 끼쳤고, 지금도 그의 사상을 둘러싼 논쟁이 계속되고 있어요.

용어 설명

- **내각**
다각형의 안쪽에 만들어지는 각을 말해요.

- **대칭**
축을 중심으로 양쪽의 모양이 같은 것을 말해요.

- **마름모**
네 변의 길이가 같은 사각형으로, 마주 보는 두 쌍의 변이 평행하며 두 대각선이 수직으로 만나요.

- **마이크로 칩**
수천 개의 전자 요소와 회로가 담긴 아주 작은 실리콘 조각이에요.

- **무리수**
양수, 음수, 0과 같은 실수이지만 분수로 나타낼 수 없는 수를 말해요.

- **바이트**
하나의 단위로 다루어지는 이진 문자의 집합으로, 정보의 단위이며 8비트가 1바이트예요.

- **변**
다각형을 이루는 선을 말해요.

- **변수**
어떤 범위 안에서 여러 가지 값으로 변할 수 있는 값이에요.

- **부력**
기체나 액체 속 물체가 그 물체에 작용하는 압력 때문에 중력에 반해 위로 뜨려는 힘을 말해요.

- **비례**
두 수 또는 두 양이 한쪽이 늘어나거나 줄어드는 것만큼 다른 쪽도 늘어나거나 줄어드는 것, 또는 그것과 반대로 줄어들거나 늘어나는 것을 말해요.

- **소수**
일의 자리보다 작은 자리의 값을 가진 수로, 0.23, 43.65 같은 수예요.

- **야드파운드법**
미국, 영국 같은 나라에서 쓰는 단위법으로, 길이로 야드, 무게로 파운드, 부피로 갤런, 온도로 화씨온도를 사용해요.

- **예술 사조**
시대에 따라 변하는 예술의 큰 흐름을 가리켜요.

- **원근감**
멀고 가까운 거리에 대한 느낌을 말해요.

- **음수**
0보다 작은 수예요.

- **인치**
길이를 나타내는 야드파운드법 단위로, 1인치는 약 2.54센티미터예요.

- **천체**
항성, 행성, 위성, 혜성, 성단, 성운, 성간 물질, 인공위성을 포함해 우주에 존재하는 모든 물체를 가리켜요.

- **평행 사변형**
서로 마주 보는 두 쌍의 변이 각각 평행인 사변형이에요.

- **표준시**
각 나라 지방에서 사용하는 표준 시각을 가리켜요.

- **피트**
길이를 나타내는 야드파운드법 단위로, 1피트는 약 30.48센티미터예요.

 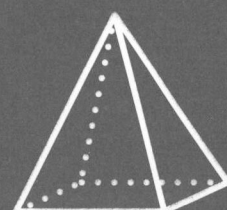  
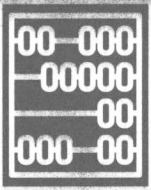  
 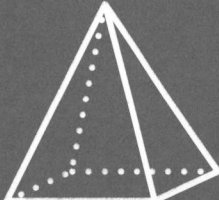  
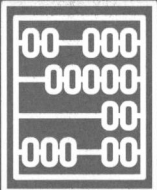  
 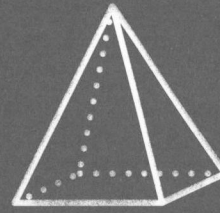